Einsterns
Schwester

4

Themenheft 2
Richtig schreiben

Herausgegeben von
Roland Bauer, Jutta Maurach

Erarbeitet von
Wiebke Gerstenmaier, Sonja Grimm

Cornelsen

Inhaltsverzeichnis

Ich bin Lola und ich helfe dir.

So kannst du mit den Heften arbeiten

Du machst alle
Seiten der Lernportion **1**.

Zuerst im grünen Heft.	Dann im roten Heft.	Dann im gelben Heft.	Und dann im blauen Heft.

Danach machst du in
allen Heften die Lernportion **2**.

Nun machst du in
allen Heften die Lernportion **3**.

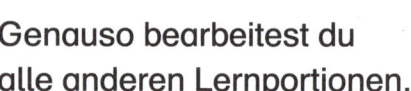

Genauso bearbeitest du
alle anderen Lernportionen.

1 Sich in einem Wörterbuch orientieren

1 In Wörterbüchern sind die Wörter nach dem **Alphabet** geordnet.
Die **Leitwörter** sind fett gedruckt, dahinter stehen die Nebenstichwörter.

2 Wiederhole das Alphabet.

a) Schreibe die Buchstaben mit ihrem direkten Vorgänger im Alphabet auf.

★ M   ★ F   ★ Y   ★ J   ★ L   ★ P   ★ O

Heft 2, S. 5 ②
a) LM, …
b) der Berg, …
c) …
d) April, …

b) Ordne die Wörter nach dem Alphabet.

Beruf ✻ beruhigen ✻ Berg ✻ Besuch ✻ berühmt ✻ Besen

c) Schreibe die beiden Wörter auf, die falsch eingeordnet sind.

setzen ✻ Seuche ✻ seufzen ✻ sich ✻ sicher ✻ Sichel ✻ Sieb

d) Schreibe alle Monatsnamen nach dem Alphabet geordnet auf.

3 Prüfe die Aussagen. Die Buchstaben vor richtigen Aussagen ergeben rückwärts gelesen ein Lösungswort.
Du kannst auch im Wörterbuch nachschlagen.

T   Der Buchstabe **F** ist der sechste im Alphabet.
E   Verben stehen im Wörterbuch in der Grundform.
L   **L** ist der direkte Vorgänger von **N**.
B   Im Wörterbuch sind alle Leitwörter fett gedruckt.
A   Der Buchstabe **T** kommt vor **U**.
E   Jedes Leitwort hat mindestens ein Nebenstichwort.
H   Nomen stehen in der Einzahl, die Mehrzahlform steht dahinter.
S   Ein Wörterbuch enthält alle Wörter der deutschen Sprache.
P   Bei Nomen steht auch der Artikel im Wörterbuch.
L   Nebenstichwörter haben meist denselben Wortstamm.
A   Zusammengesetzte Nomen muss ich zerlegen und die einzelnen Teile nachschlagen.
S   Bei einem Verb sind im Wörterbuch alle Personalformen aufgeführt.

1 Nomen im Wörterbuch nachschlagen

1 Schlage im Wörterbuch nach.

a) Finde zu jedem Nomen den Artikel.

> Joghurt ✦ Galopp ✦ Bonbon ✦
> Granit ✦ Karies ✦ Judo ✦ Lakritze

Heft 2, S. 6 ①
a) der/das Joghurt, …
b) die Traktoren, …

b) Finde die Mehrzahlformen.
Achtung!
Drei Wörter gibt es nur in der Einzahl.

> der Traktor ✦ die Veranda ✦
> der Speichel ✦ die Logik ✦
> der Globus ✦ das Museum ✦
> die Pizza ✦ die Liga ✦ der Auspuff ✦
> der Spinat ✦ die Limonade

> Bei Nomen findest du
> im Wörterbuch den Artikel
> und die Mehrzahl.

2 Finde zu den Nebenstichwörtern verwandte Wörter,
unter denen du nachschlagen kannst.

> die Kräfte ✦ der Händler ✦ die Jagd ✦
> der Abschluss ✦ der Irrtum ✦
> der Querschnitt ✦ die Mannschaft

Heft 2, S. 6 ②
die Kräfte: Kraft, …

3 Finde drei verschiedene Bedeutungen
für die Wörter.

> die Mine ✦ der Star

Heft 2, S. 6 ③
die Mine: Bleistiftmine, …

Ⓜ das Alphabet   das Theater
die Bibliothek   das Thermometer
die Information   das Verb

Verben im Wörterbuch nachschlagen

1 **Personal- und Zeitformen** von Verben finde ich **bei der Grundform**:
es geschah (3. Person Einzahl, 1. Vergangenheit) steht bei geschehen (Grundform).
Verben muss ich ohne Wortbaustein nachschlagen: abwiegen unter wiegen.

 2 Besprecht, bei welchen Grundformen ihr diese Verbformen findet.

> es fährt ✷ sie gab ✷ gewunken ✷ ausgießen ✷
> er nahm ✷ er schnitt ✷ er aß ✷ gesessen ✷
> es hing ✷ er griff ✷ sie saß ✷ sie grub ✷ er schob

3 Schreibe zu den Nebenstichwörtern verwandte Wörter auf,
unter denen du nachschlagen kannst.

Heft 2, S. 7 ③
der Gips, ...

> gipsen ✷ sich schlängeln ✷ säubern ✷ nummerieren ✷
> kühlen ✷ riskieren ✷ ruhen ✷ angeln ✷ schwärmen ✷
> blitzen ✷ sich erkälten ✷ hämmern

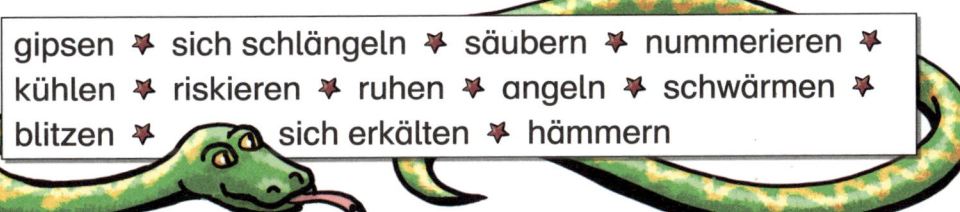

4 Schreibe aus dem Wörterbuch das Leitwort mit
allen Nebenstichwörtern ab.
Markiere gleiche Wortstämme in derselben Farbe.

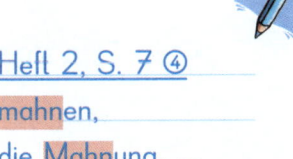

Heft 2, S. 7 ④
mahnen,
die Mahnung, ...

mahnen

kleben

hindern

beißen

hoffen

> Hier brauchst
> du zwei verschiedene
> Farben.

M er stieß
  sie saß
  er nahm
  er fuhr
↪ er griff
  sie biss

Fremdwörter verstehen und richtig schreiben

1 Schlage die Fremdwörter im Wörterbuch nach.
Prüfe alle Schreibweisen, denn manchmal
sind mehrere möglich.

Heft 2, S. 8 ①
der Passagier, …

der	Passaggier	Pasagier	Passaschier	*Passagier*
der/das	Joggurt	Jogurt	**Johgurt**	Joghurt
der	*Paragrav*	Pharapraph	Paragraph	*Paragraf*
der	Jurnalist	Schurnalist	**Journalist**	Jornalist
der	Dedektif	Dedektiv	*Detektiv*	Detektiw

2 Finde die Fremdwörter in der Wörterliste auf
den Seiten 51 bis 55.

Heft 2, S. 8 ②
Sk…

✤ ein Sportgerät mit vier Rollen, auf dem manche
wahre Kunststücke vollbringen: S…

✤ ein Spiel, bei dem viele einzelne Teile zu einem Bild zusammengesetzt werden: P…

✤ die Befragung von wichtigen, berühmten oder interessanten Personen: I…

✤ die Bestellung einer regelmäßigen Lieferung von Zeitungen oder Zeitschriften: A…

✤ ein Tier, das seine Farbe der Umgebung anpassen kann: Ch…

 3

Viertes Wort: Rhabarber

Fertig!

1 Schlage die markierten Wörter im Wörterbuch nach.
Schreibe sie richtig auf.

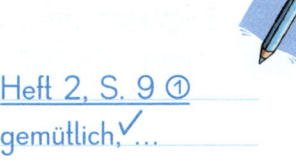

Heft 2, S. 9 ①
gemütlich, ✓ ...

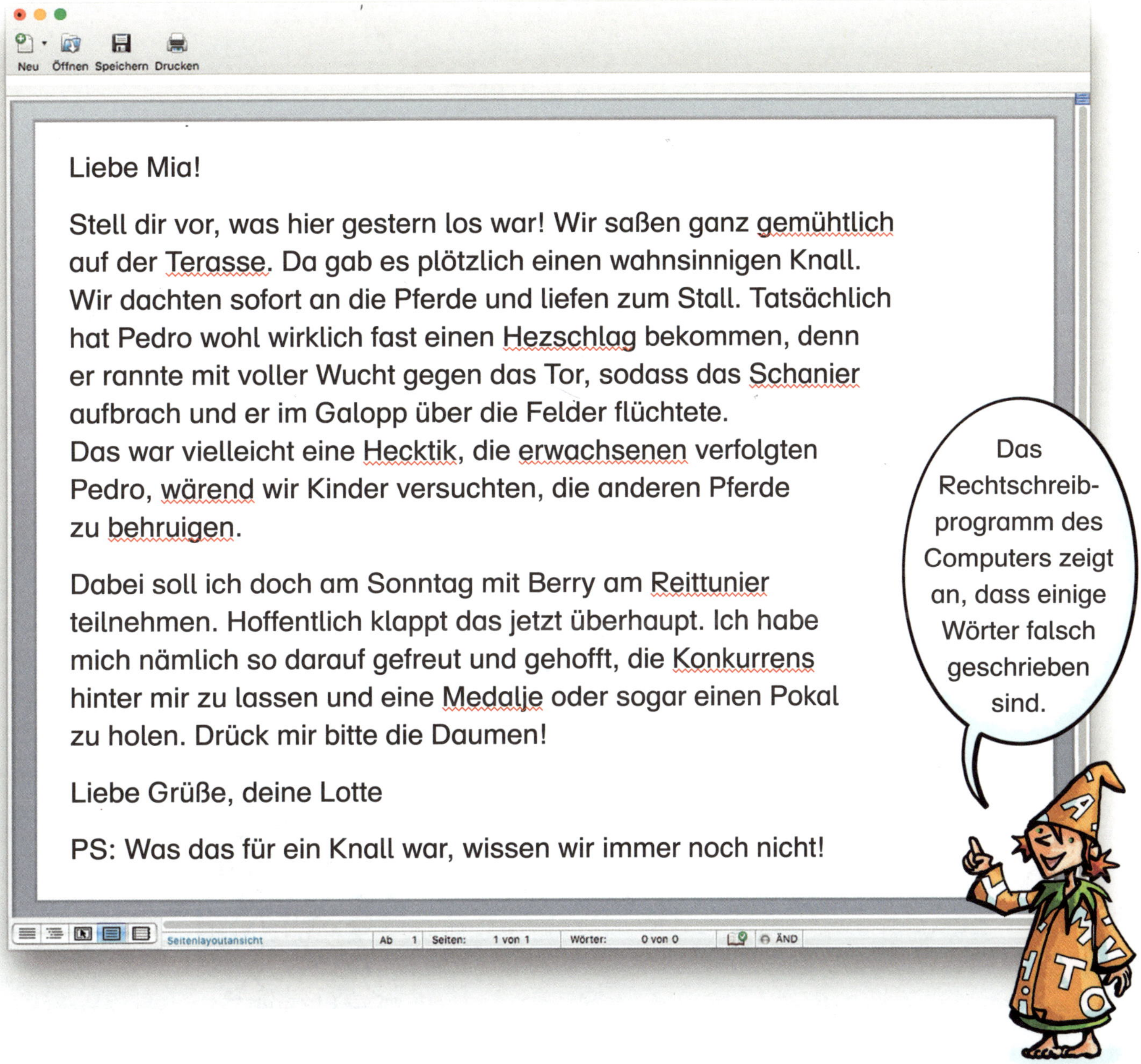

Liebe Mia!

Stell dir vor, was hier gestern los war! Wir saßen ganz <u>gemühtlich</u>
auf der <u>Terasse</u>. Da gab es plötzlich einen wahnsinnigen Knall.
Wir dachten sofort an die Pferde und liefen zum Stall. Tatsächlich
hat Pedro wohl wirklich fast einen <u>Hezschlag</u> bekommen, denn
er rannte mit voller Wucht gegen das Tor, sodass das <u>Schanier</u>
aufbrach und er im Galopp über die Felder flüchtete.
Das war vielleicht eine <u>Hecktik</u>, die <u>erwachsenen</u> verfolgten
Pedro, <u>wärend</u> wir Kinder versuchten, die anderen Pferde
zu <u>behruigen</u>.

Dabei soll ich doch am Sonntag mit Berry am <u>Reittunier</u>
teilnehmen. Hoffentlich klappt das jetzt überhaupt. Ich habe
mich nämlich so darauf gefreut und gehofft, die <u>Konkurrens</u>
hinter mir zu lassen und eine <u>Medalje</u> oder sogar einen Pokal
zu holen. Drück mir bitte die Daumen!

Liebe Grüße, deine Lotte

PS: Was das für ein Knall war, wissen wir immer noch nicht!

> Das Rechtschreib-programm des Computers zeigt an, dass einige Wörter falsch geschrieben sind.

2 Drei Fehler sind ähnlich.
Schreibe die Wörter auf und
zeichne die Silbenbögen ein.

Heft 2, S. 9 ②
der Herzschlag, ...

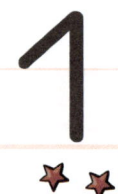 

Ergänze deine Lernraupe.

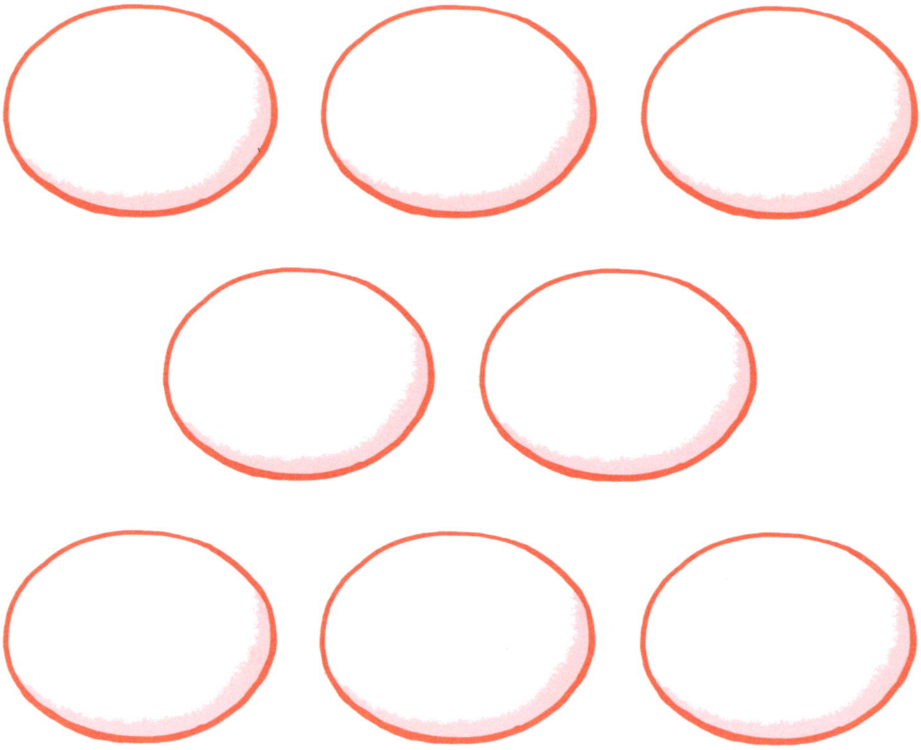

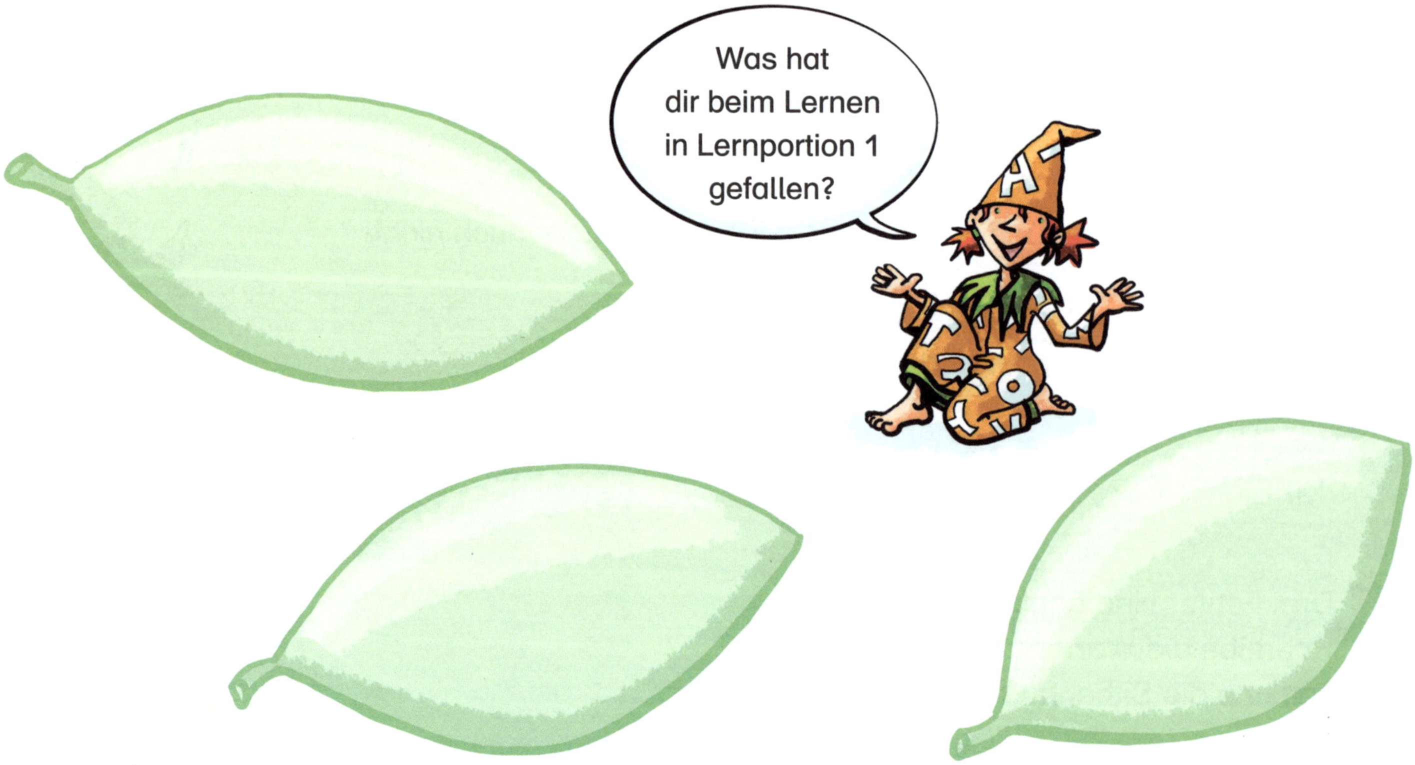

Was hat
dir beim Lernen
in Lernportion 1
gefallen?

2 Wörter und Sätze mit Silbenbögen kontrollieren

1 Lies in Silben und schreibe alle zweisilbigen Wörter auf.
Zeichne die Silbenbögen ein und markiere die Silbenkerne.

Heft 2, S. 11 ①
Wasser ✓ ...

Wasser ✹ Strand ✹ Meer ✹ Wellen ✹ Kapitän ✹ Öl ✹
Seetang ✹ Seegurke ✹ Wattwanderung ✹ Seeräuber ✹
Sandkorn ✹ Bademeister ✹ Kompass ✹ Dampfschiff ✹ Matrose ✹ Segelboot ✹
Seestern ✹ Muschel ✹ Perle ✹ Seebär ✹ Pirat ✹ Perle ✹ Mast ✹
Matrose ✹ Säbel ✹ Pistole ✹ Kanone ✹ Tanker

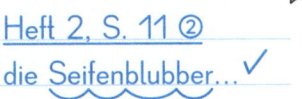

2 Merke dir immer ein zusammengesetztes Nomen.
Schreibe es dann auswendig auf. Sprich dabei
in Silben. Kontrolliere mit Silbenbögen.

Heft 2, S. 11 ②
die Seifenblubber... ✓

✹ die Seifenblubberblasenmaschinenreparatur
✹ der Gummientenweitwurfwettbewerb
✹ der Badewannenwassertemperatursturz

3 Schreibe die Sätze und kontrolliere mit Hilfe
der Silbenbögen.

Heft 2, S. 11 ③
Annabella Angelfix ... ✓

| Annabella Angelfix wirft eilig ihr Fischernetz über Bord. |

| Wendolin Wassermann watschelt durch das Wattenmeer. |

| Serafina entfernt dreiundzwanzig winzige Seeigelstacheln mit einer Pinzette. |

4 Bringe die Silben in die richtige Reihenfolge.

Heft 2, S. 11 ④
das Seemannsgarn, ...

| das mannsSeegarn |

| die fraujungMeer |

| der schwimtungsRetmer |

| der karaPipitentän |

| der bauKlamannter |

| die uMasenformtroni |

⌣ die Reparatur   reparieren
    die Temperatur   empfinden
    die Spezialität   geschehen

1 Lies den Text.

a) Schreibe alle acht Nomen, die mehr als drei Silben haben, mit Artikel auf.

Heft 2, S. 12 ①
a) die Einmachgläser, ✓ ...
b) ...

Er befand sich jetzt in einem langen, finsteren Korridor, an dessen Wänden in hohen Gestellen hunderte und tausende von großen Einmachgläsern standen. Es war die Sammlung, die er sein „Naturkundemuseum" nannte. In jedem dieser Gläser befand sich ein gefangenes Elementargeistchen. Da gab es alle Sorten von Zwergen, Heinzelmännchen, Koboldchen und Blumenelfen, daneben Undinen und kleine Nixen mit bunten Fischschwänzchen, Wassermännlein und Sylfen, sogar ein paar Feuergeisterchen, Salamander genannt, die sich in Irrwitzers Kamin versteckt gehalten hatten.

Michael Ende

b) Finde die Nomen mit diesen Silbenkernen im Text.

Ei a ä e   ei e ä e   a e ä ei

2 Schreibe den Text als Schleichdiktat. Kontrolliere die für dich schwierigen Wörter mit Silbenbögen.

Heft 2, S. 12 ②
Der Zauberer saß ...

Der Zauberer saß | in einem geräumigen Ohrenbacken-
sessel, | den vor vierhundert Jahren |
ein handwerklich begabter Vampir | eigenhändig aus Sargbrettern |
geschreinert hatte. | Die Polster bestanden aus Werwolfsfellen, |
die freilich inzwischen schon |
ein wenig schäbig geworden waren. |
Die Pfeife, aus der er rauchte, | stellte einen kleinen
Totenkopf dar, | dessen Augen aus grünem Glas | bei
jedem Zug aufglühten. | Die Rauchwölkchen bildeten
in der Luft | allerlei seltsame Figuren: | Zahlen und
Formen, | sich ringelnde Schlangen, | Fledermäuse,
kleine Gespenster, | aber hauptsächlich Fragezeichen.

Michael Ende

✉ beobachten
Interesse
Geheimnis
Museum
interessant
aufmerksam

2 Mit Silben spielen

1 Schreibe die sechs Titel der Geschichten richtig auf.

Die doks O po del	weiß Schnee chen und sen rot Ro
sel Hän und tel Gre	ter Räu ja Ron ber toch
ckie Wi und ner ken Män die star	rix te As und lix be O

Heft 2, S. 13 ①
Die Opodeldoks, …

2 Schreibe die Wörter richtig auf. Markiere die Silbenkerne.

das B✶ch ✹ das B✶ch✶rr✶g✶l ✹ die B✶bl✶th✶k ✹
das ✶nh✶ltsv✶rz✶chn✶s ✹ der V✶rl✶g ✹ das C✶v✶r

der Klppntxt ✹ das Mrchn ✹ der Cmc ✹
die Ztschrft ✹ das Ttlbld ✹ die Hrbchr

Heft 2, S. 13 ②
a) das Buch, …
b) der Klappentext, …

3 Lest das Gedicht mit allen Silbenkernen. Übt mehrmals.

Das Finkennest

✶ch f✶nd einm✶l ein F✶nk✶nn✶st,
✶nd ✶n demselben l✶g d✶r R✶st
v✶n ✶n✶m Krim✶nalr✶man.
Nun s✶h m✶l ✶n: Der F✶nk k✶nn l✶s✶n!
K✶n W✶nder, ✶s ✶st ✶n Buchfink g✶w✶s✶n.

Heinz Erhardt

4 Finde die Nomen mit diesen Silbenkernen im Text.

Heft 2, S. 13 ④
Stadttheater, …

Zur Theateraufführung fährt die Klasse 4b mit der Straßenbahn. Vor dem Haupteingang des Stadttheaters verteilt Frau Mai die Eintrittskarten. Nach der Vorstellung haben die Kinder die einmalige Möglichkeit, den Regisseur und die Schauspieler, die Bühnenbildner und die Masken-bildner zu treffen und zu befragen.

2 Trennungsregeln wiederholen

1 Wiederholt die Trennungsregeln.

a) Setzt die Trennungsregeln richtig zusammen und schreibt sie auf. Lasst nach jeder Regel zwei Zeilen frei.

Heft 2, S. 14 ①, ②
Trennungsregeln
Zweisilbige und ...

Zweisilbige und mehrsilbige Wörter trenne ich

ein Buchstabe aber nie alleine stehen!

Achtung! Beim Trennen von Wörtern darf

immer zusammen.

Einsilbige Wörter

meist wie beim Silbensprechen.

Beim Trennen von ck-Wörtern bleibt das ck

zwischen t und z.

Wörter mit tz trenne ich

kann ich nicht trennen.

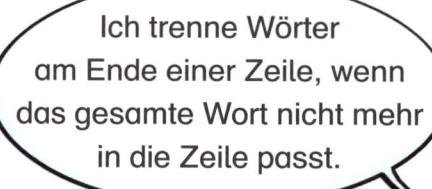

Ich trenne Wörter am Ende einer Zeile, wenn das gesamte Wort nicht mehr in die Zeile passt.

b) Findet zu den Trennungsregeln die passenden Beispielwörter. Schreibt sie mit ihren Trennstrichen in die freien Zeilen.

Wagen ✽ legen ✽ Scheibenwischer

witzig ✽ sitzen ✽ motzen ✽ Pfütze

oben ✽ über ✽ Opa ✽ Igel ✽ Esel

packen ✽ Decke ✽ lecker ✽ wickeln

Obst ✽ Mais ✽ Welt ✽ Witz ✽ alt

ba-cken
ent-wi-ckeln
schme-cken
set-zen
schüt-zen
krat-zen

2 Findet zu jeder Regel weitere Beispielwörter und ergänzt sie in **1**.

2 Trennungsregeln anwenden

1 Schreibe alle Nomen mit Trennstrichen auf.
Beachte die Trennungsregeln von Seite 14.

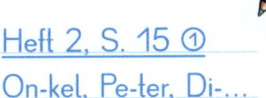
Heft 2, S. 15 ①
On-kel, Pe-ter, Di-...

Mein Onkel Peter ist Dirigent. Er arbeitet an der Oper und
leitet dort das Orchester. Seine wichtigsten Arbeitsmittel
sind die Notenpartituren und seine verschiedenen Taktstöcke.
Mit deren Hilfe gibt er all den Musikern mit ihren unterschiedlichen
Instrumenten deutliche Zeichen, damit sie ihre Einsätze nicht verpassen
und an den richtigen Stellen lauter oder leiser spielen. Die Musiker
sitzen im Orchestergraben unten vor der Bühne, auf der die Sänger
die Stücke aufführen. So lenken sie die Aufmerksamkeit des Publikums
nicht von der Bühne ab. Erst am Ende dürfen auch sie sich richtig zeigen,
sich verbeugen und ihren Applaus in Empfang nehmen.

2 Ordne den Bildern die Orff'schen Instrumente zu.
Schreibe sie mit Trennstrichen auf.

Heft 2, S. 15 ②
A: Schel-len-ring
B: ...

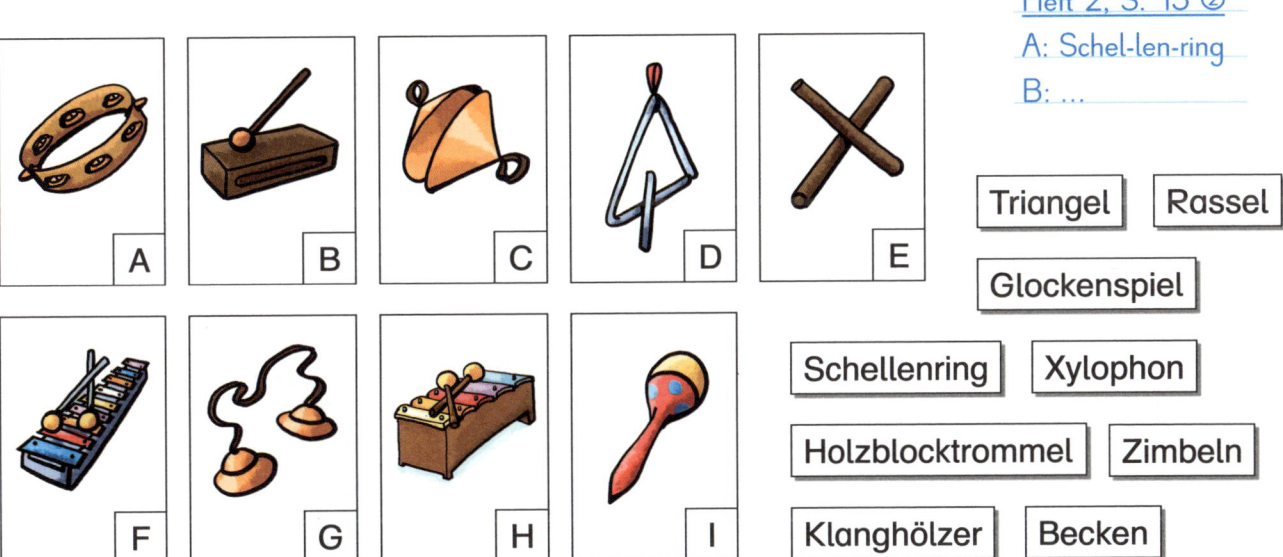

Triangel   Rassel

Glockenspiel

Schellenring   Xylophon

Holzblocktrommel   Zimbeln

Klanghölzer   Becken

3 Schreibe die drei Wörter auf, die du nicht trennen kannst.

Heft 2, S. 15 ③
...

Trompete ✷ Gitarre ✷ Cello ✷
Posaune ✷ Klavier ✷ Geige ✷
Klarinette ✷ Bass ✷ Bratsche ✷
Flöte ✷ Waldhorn ✷ Oboe ✷
Harfe ✷ Tuba ✷ Pauke ✷ Gong

2 Über das eigene Lernen nachdenken

Ergänze deine Lernraupe.

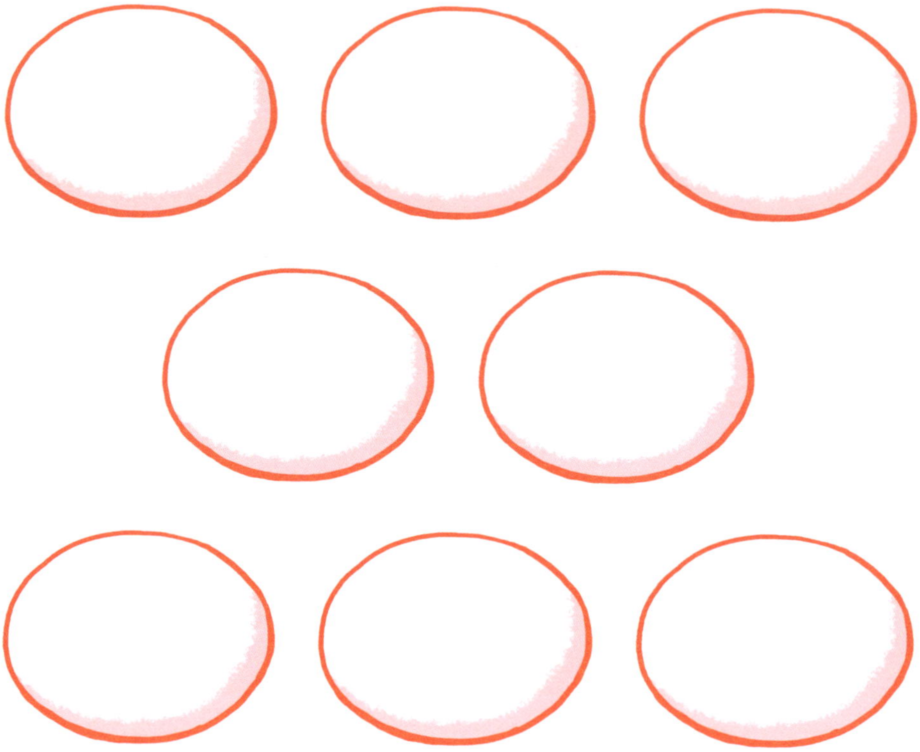

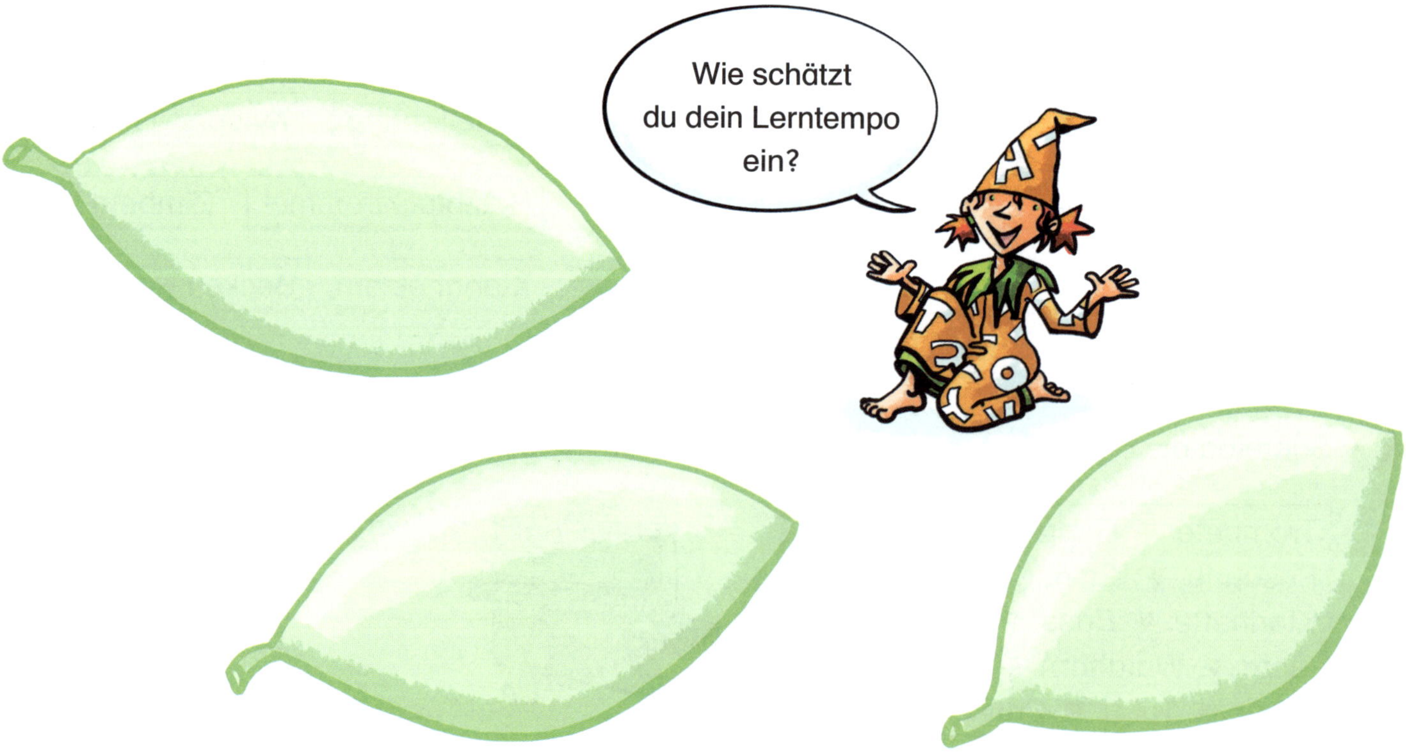
Wie schätzt du dein Lerntempo ein?

Sich Wörter mit ai merken

1 Finde zehn Nomen mit **ai**. Schreibe sie mit Artikel auf.
Manche Buchstaben musst du mehrmals benutzen.
Die Bilder helfen dir.

Heft 2, S. 17 ①
die Waise, ...

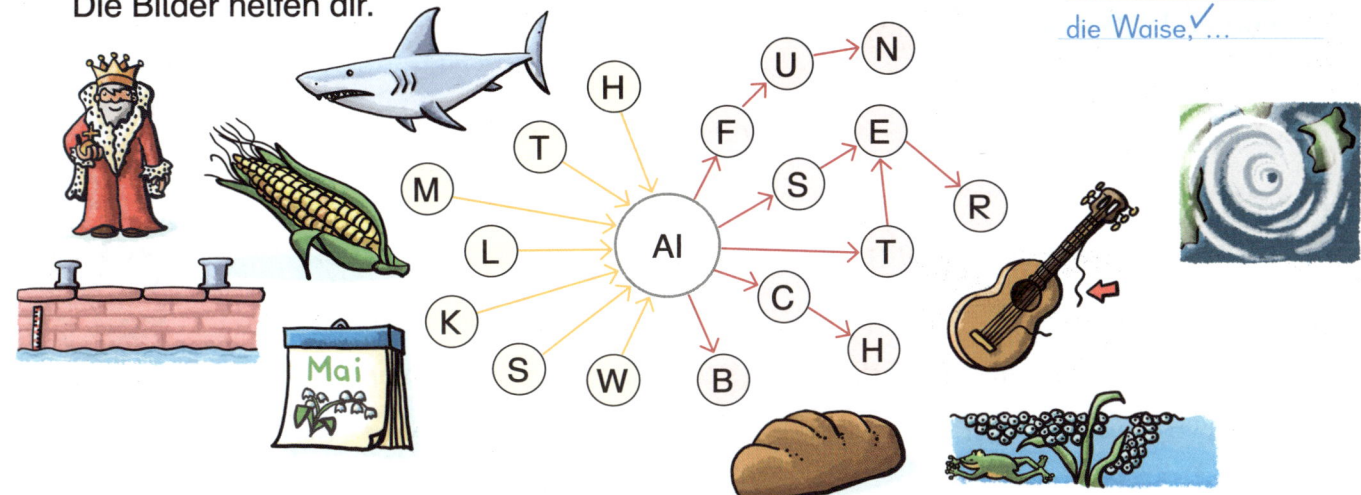
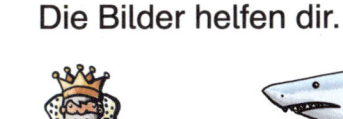

2 Bastle einen Merkwortfächer.

- Falte zwei DIN-A4-Blätter so:

- Schneide die Papierstreifen an den Faltlinien entlang durch.

- Lege alle Papierstreifen aufeinander und loche sie einmal oben.

- Verbinde alle Papierstreifen mit einer Musterklammer.

3 Schreibe alle **ai**-Wörter dieser Seite nach dem
Alphabet geordnet auf den ersten Papierstreifen.
Markiere die Merkstelle.

4

Hai, Mai, Saite
habe ich mir gemerkt.

M Mais

Kaiser

Brotlaib

Froschlaich

Taifun

Kai

3 Wörter mit Dehnungs-h zuordnen

1 Sortiere die Wörter mit **äh**, **öh** und **üh**.

a) Schreibe jeweils eine Wortliste auf einen Papierstreifen deines Merkwortfächers.

Merke dir, das Dehnungs-h bleibt immer bei seinem Selbstlaut oder Zwielaut, z. B. zähmen, Nadelöhr, ausführlich.

w**✱✱**rend   f**✱✱**ren   erw**✱✱**nen   vers**✱✱**nen   die R**✱✱**re

die M**✱✱**re   die **✱✱**re   die H**✱✱**le   die Z**✱✱**ne   die M**✱✱**le   fr**✱✱**lich

die M**✱✱**ne   der Fr**✱✱**ling   gew**✱✱**nlich   allm**✱✱**lich   g**✱✱**nen

ber**✱✱**mt   die Dr**✱✱**te   ungef**✱✱**r   dr**✱✱**nen   die W**✱✱**rung   k**✱✱**l

st**✱✱**nen   die Str**✱✱**ne   die Geb**✱✱**r   r**✱✱**ren   verw**✱✱**nen

gef**✱✱**rlich   f**✱✱**len   erz**✱✱**len   g**✱✱**nen   w**✱✱**len   die F**✱✱**re

b) Setze Silbenbögen unter die Wörter. Markiere die Merkstelle.

2 Schreibe aus deinen Listen Reimwort- ketten in dein Heft.

| Zweier-Ketten | Dreier-Ketten | Vierer-Ketten |

Heft 2, S. 18 ②
Zweier-Ketten: Fähre – Ähre, …
Dreier-Ketten: …
Vierer-Ketten: …

3

Röhre, Möhre, Höhle, fröhlich …

Wörter mit öh?

M kühl
fröhlich
gähnen
ungefähr
bohren
belohnen

3 Wörter mit Y/y lernen

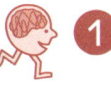

1 Wörter mit y muss ich mir merken. Oft sind es Fremdwörter.
Das y wird unterschiedlich ausgesprochen:
wie **ü**: Gymnastik   wie **i**: Pony   wie **j**: Yoga

2 Sprecht die Wörter.
Sortiert sie nach ihrem Laut.

Yeti
Dynamo
Hobby   Yak
Pyramide   Party
Baby   Hydrant   City
Pyjama   Yoga   Teddy
Xylophon   Mayonnaise   Zylinder

Heft 2, S. 19 ②
Y wie ü: Dynamo, …
Y wie i: City, …
Y wie j: Yeti, …

3 Übe die Wörter mit **Y/y** aus **2**. Zeichne dazu eine Tabelle mit drei Spalten.
Finde zu jedem Nomen die Mehrzahl mit Hilfe der Wörterliste und
schreibe einen Beispielsatz auf.

Nomen	Mehrzahl	Beispielsatz
der Yeti	die Yetis	Den Yeti gibt es nicht wirklich.
das Hobby	die Hobbys	Mein Hobby ist …
…	…	…

4 Schreibe alle Wörter mit **Y/y** von dieser Seite auf
einen Papierstreifen deines Merkwortfächers.

M Zylinder
Pyramide
Hydrant
Pyjama
Yoga
Dynamo

3 Kleine Wörter üben

1 Der Computer gibt dir fünf Aufgaben zur Auswahl.
Wähle drei Aufgaben aus und bearbeite sie.

Heft 2, S. 20 ①

Sortiere die Wörter
nach der Silbenanzahl.
Setze Silbenbögen.

Schreibe alle Wörter
mit doppeltem Mitlaut
auf.

dann, jetzt, wann, paar, wir, vor, bald, bloß, mehr,

denn, wenn, von, vom, sehr, nämlich, während,

ihr, ihre, ihres, ihren, ihm, ihn, ihrem, mir, ohne, dir, als, und,

ganz, endlich, falls, der, das, ist, nach, nächste, nirgends,

ins, über, am, um, uns, wirklich, eine, einer, ein, eines,

sich, dem, es, bisschen, an, ab, aber

Sortiere alle Wörter
nach ihrem Silbenkern.

Sortiere die Wörter
nach der Buchstaben-
anzahl.

Übe die Wörter
in einem
Schleichdiktat.

2 Finde alle kurzen Wörter in **1**, die aus zwei oder drei Buchstaben bestehen.
Schreibe sie auf einen Papierstreifen deines Merkwortfächers.

3 Mit dem Merkwortfächer üben

1 Übe mit einem Partnerkind die Wörter aus dem Merkwortfächer.
Wähle eine Möglichkeit aus.

Auf Zeit schreiben

Entscheidet euch für eine Seite aus dem Merkwortfächer.
Schreibt zwei Minuten lang alle Merkwörter auf,
die euch dazu noch einfallen.
Wählt weitere Seiten aus.

> Habt ihr noch andere Ideen?

Partnerdiktat

Diktiert euch gegenseitig die Wörter einer Seite.
Beide Partner dürfen dabei keinen Fehler machen.
Das Kind, welches diktiert, gibt sofort einen stummen Hinweis,
sobald es einen Fehler entdeckt.

Bildet Unsinnssätze mit den Wörtern aller Fächerkarten

Sucht von jeder Karte ein Wort aus.

Rätsel
Stellt euch gegenseitig Rätsel zu den Wörtern aus dem Merkwortfächer.
– Lückenwörter : M_hr_ (= Möhre)
– Wörter zu Silbenkernen suchen: ai e Kaiser, Waise, …
– Nomen beschreiben: „Mein Nomen hat drei Silben. Es blüht im Frühling.
Es ist weiß."
– Strichbild: ı ıll = bald, …
–

2

> Mein erstes Wort ist ein Merkwort mit y.

> Mein nächstes Merkwort hat nur eine Silbe mit einem i-Laut.

> Hobby?

> ihr?

Ergänze deine Lernraupe.

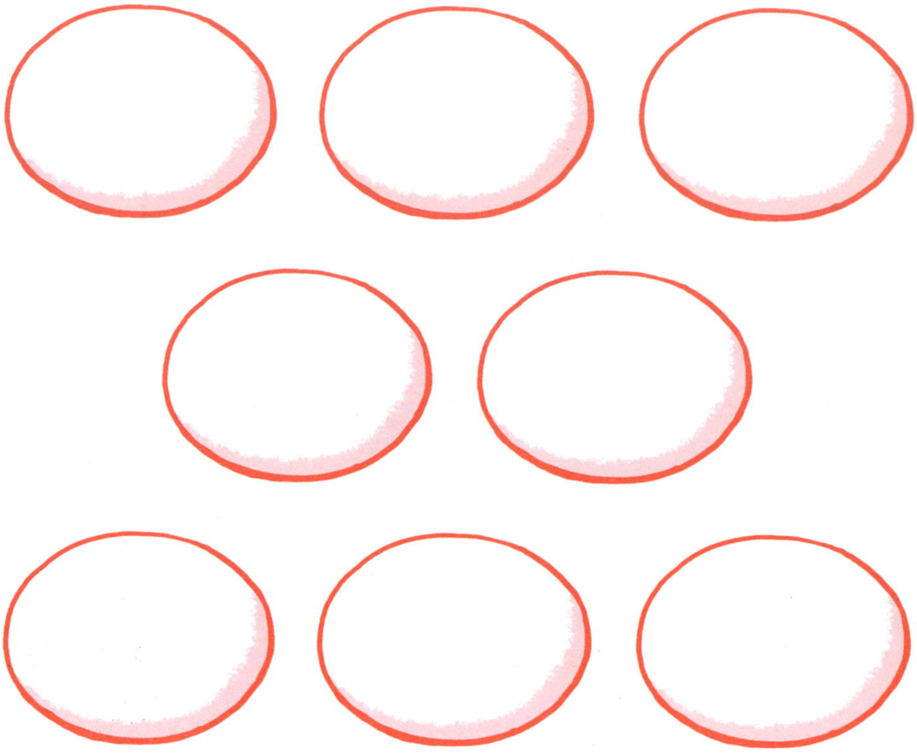

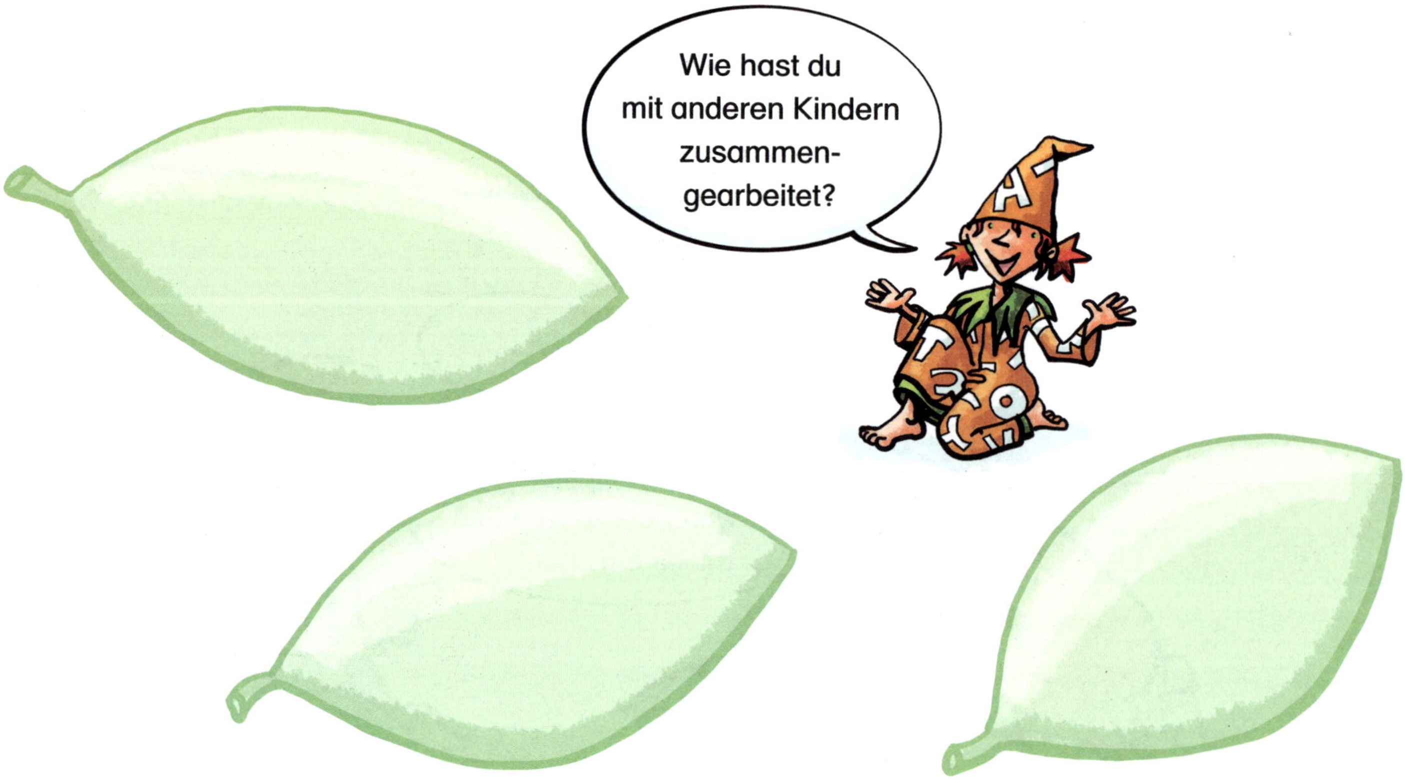

Wie hast du mit anderen Kindern zusammengearbeitet?

4 Wörter mit ä/äu ableiten

 1 Finde Ableitungen.

a) Ordne die **ä**-Wörter nach ihren Wortarten und leite ab.

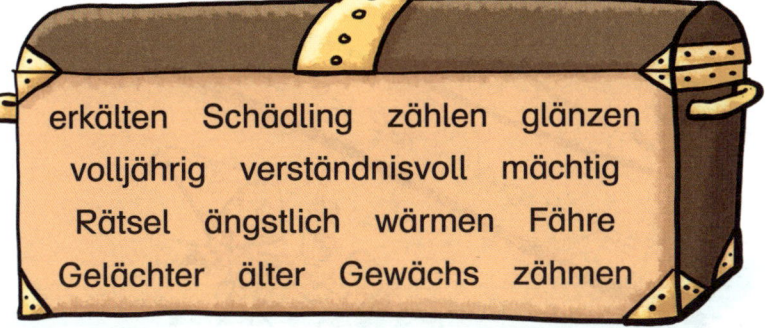

erkälten Schädling zählen glänzen
volljährig verständnisvoll mächtig
Rätsel ängstlich wärmen Fähre
Gelächter älter Gewächs zähmen

Heft 2, S. 23 ①

Nomen	Verben	Adjektive
Schädling ⚡	erkälten ⚡	volljährig ⚡
der …	kalt, …	das Jahr, …

Wenn ein Wort mit **ä** oder **äu** von einem Wortstamm mit **a** oder **au** abgeleitet werden kann, gilt das Zeichen ⚡ für ableiten.

b) Finde zu jeder Wortart mindestens ein **äu**-Wort und leite es ab. Du kannst auch die Wörterliste nutzen.

2 Schreibe zu den Wörtern ein Ableitungswort mit **a**/**au** und weitere verwandte Wörter mit **ä**/**äu**. Du kannst das Wörterbuch nutzen.

Heft 2, S. 23 ②

⚡ der Drang:
drängen, bedrängt, das Gedränge …

drängen
bedrängt

verträumt
träumen

gefährlich
die Fährte

wärmen
gewärmt

unzählig
verzählen

 **3**

-fahr-
gefährlich   die Gefährdung

⚡ häufig
ängstlich
Gebäude
kräftig
nähen
ernähren

4 Wörter mit ä/äu und e/eu unterscheiden

1 Prüfe, ob du **eu** oder **äu** schreibst.
Schreibe die verwandten Wörter mit **au** dazu.

Heft 2, S. 24 ①
das Gemäuer ⚡ die Mauer, ✓ ...

STOPP

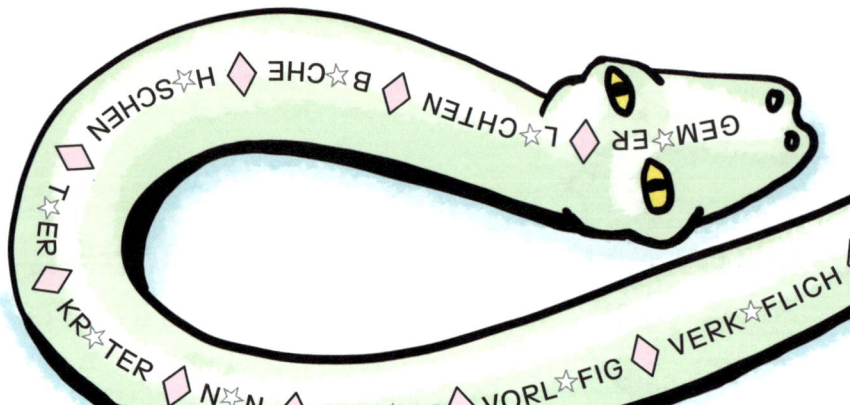

GEMÄUER, LÄUCHTEN, BÄUCHE, HÄUSCHEN, TÄUER, KRÄUTER, NÄUN, GEBÄUGT, VORLÄUFIG, VERKÄUFLICH, SÄUGETIER, ANFÄUERN

2 Prüfe, ob du ableiten kannst.
Setze dann **e** oder **ä** ein.
Schlage unbekannte Wörter im Lexikon nach.

STOPP

Die Wörter mit **e** oder **eu**
kannst du nicht ableiten.

Heft 2, S. 24 ②
a) 1. die Wälle ⚡ der Wall ✓
   2. die Welle ✓
b) ...

a) 1. Als Grenze bauten die Römer aus Erde W✷lle.
   2. Die Surfer warten auf die perfekte W✷lle.

b) 1. Bisons lieferten den Indianern F✷lle.
   2. Der Kommissar löst kriminalistische F✷lle.

c) 1. Das Taxi wartet wie immer an derselben St✷lle.
   2. Der Bauer bringt abends die Tiere in die St✷lle.

d) 1. Die Prinzessin tanzt auf vielen B✷llen.
   2. Der Hundetrainer verbietet dem Hund das B✷llen.

e) 1. Der Segler macht sich bereit zur W✷nde.
   2. Ein Malermeister verschönert die W✷nde.

3

... B, ...

Stopp!

e	eu	ä	äu
denken	deuten	Dächer	

A

D

e	eu	ä	äu
drehen	deutlich	drängeln	Däumling

4 Über Wörter mit ä nachdenken

1 Einige Wörter mit **ä** können nicht von einem verwandten Wort abgeleitet werden: der Lärm, der Käse. Diese Wörter musst du dir merken.

2 Lies den Text.

„Tagtäglich dasselbe!", schimpft Herr Martinek. „Regelmäßig kommst du zu spät zum Unterricht. Das ist ungefähr das vierte Mal in diesem Monat, und wir haben heute erst den zwölften März! Allmählich reicht es mir, dass du so langsam ins Klassenzimmer geschlurft kommst. Länger schaue ich mir das nicht mit an!" „Entschuldigung", stammelt Kaya und schaut sich ängstlich um. Gequält ringt sie sich ein müdes Lächeln ab und setzt sich zu den anderen Mädchen an den Gruppentisch. „Hast du verschlafen?", fragt Lotta während der Pause, als sie Kaya beim Verlassen des Schulgebäudes gähnen sieht. „Bist wohl unfähig, deinen Wecker zu bedienen!", raunt Hannes ihr böse zu. „Alles Käse", brüllt Kaya mächtig laut zurück, „ihr habt doch keine Ahnung, wie das ist, wenn man die Älteste ist und seine Geschwister morgens gleich in zwei Kindergärten bringen muss. Ich kann es nicht ändern, dass meine Eltern früh zur Arbeit müssen." Da dreht sich Herr Martinek um. „Doch, ich weiß, wie es ist!" Er sieht Kaya an: „Wir finden eine Lösung!", und dann erzählt er, wie es bei ihm war.

Heft 2, S. 25 ②
tagtäglich ← der Tag, ...

a) Schreibe die Wörter mit **ä** heraus, die du von einem verwandten Wort ableiten kannst.

b) Schreibe die Merkwörter mit **ä** auf einen Papierstreifen deines Merkwortfächers.

3 Ergänze die Fächerkarte mit Merkwörtern aus dem Lernwortkasten und der Wörterliste auf den Seiten 51 bis 55.

[M] nächster
Märchen
Träne
vorwärts
Lärm
Geschäft

1

Am Silben- oder Wortende kann ich die richtige Schreibweise oft nicht hören.
Dann **verlängere** ich das Wort durch **Weiterschwingen**:
Am **Wortende** höre ich dann b oder p, d oder t, g oder k:

der Zwer→   Beweis: die Zwerge   Lösung: der Zwerg

Einen **doppelten Konsonanten** höre ich dann in zwei Silben:

das Fe→   Beweis: die Felle   Lösung: das Fell

Bei **Verben mit ng oder nk** in der 3. Person Einzahl höre ich g oder k
in der Grundform:

sie sin→t   Beweis: singen   Lösung: sie singt

Bei **Wörtern mit silbentrennendem h** verlängere ich einsilbige Wörter:

er zie→t   Beweis: ziehen   Lösung: er zieht

2 Finde die richtige Schreibweise.
Verlängere dazu die Wörter oder Wortstämme.

Der Hun✱ be✱t laut.

Die Klavierstunde begi✱t später.

Mike wünscht sich ein rotes Re✱auto.

Der Trampelpfa✱ führt auf den Ber✱.

Der Die✱ trä✱t eine dunkle Maske.

Der Hase flie✱t schne✱ vor dem Fuchs.

Die Brü✱affen sind heute stu✱.

Der Schu✱ ste✱t hinten im Wan✱regal.

Heft 2, S. 26 ②
der Hund → die Hunde ...
bellt → bellen
...

3 Findet eigene Wörter, bei denen das Verlängern eine Rechtschreibhilfe ist.
Nehmt ein kariertes DIN-A4-Blatt quer und legt eine Tabelle an.
Schlagt in der Wörterliste auf den Seiten 51 bis 55 und im Wörterbuch nach.

b/p – d/t – g/k	doppelter Mitlaut	Verb mit ng/nk	silbentrennendes h
der Dieb	dünn	sie singt	er geht
...	...	...	...
...	...	...	...

4 Finde im Text die 14 Fehler.
Verlängere die Wörter und beweise so
die richtige Schreibweise.

Heft 2, S. 27 ④
er fegt ↪ fegen, ✓ ...

> Heute muss ich Vater helfen. Er _fekt_ wie wilt im Haus umher. ‖
> Selbst die Blatläuse schnipt er von den Pflanzen ab und kehrt noch rasch ‖
> den Staup unter den Teppichen hervor. Im Bat wienert er die Fliesen. ‖
> Der Lieferservice brinkt schnel ein paar Blumen und der Gril ‖‖
> stet einsatzbereit im Schuppen. Da komt Mutter nach Hause. ‖
> Sie schaut sich um, schmunzelt verliept und ruft meinem Vater zu: |
> „Tol hast du geputzt, aber Muttertak ist erst nächsten Sonntag!" ‖

5 Finde passende Schwungmuster.

a) Schreibe auf und verlängere.

| Schwimmflügel ✳ Puppenbett ✳ |
| Haselnussschokolade ✳ Kuhstall ✳ |
| Vollkornbrötchen ✳ Tollpatsch ✳ |
| Stehtisch ✳ Nudelsieb ✳ |

Heft 2, S. 27 ⑤ a)
der Schwimmflügel: schwimmen

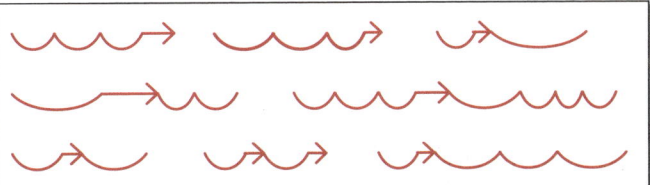

b) Finde zu jedem Schwungmuster aus a)
ein eigenes Wort.

Heft 2, S. 27 ⑤ b)
Handschuh ...

6

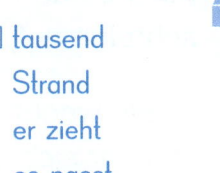

↪ tausend
Strand
er zieht
es passt
es hängt
er rennt

4 Wörter mit silbentrennendem h erkennen

1 Lies die beiden Sätze in Silben und schreibe sie mit Silbenbögen auf.

Heft 2, S. 28 ①
Die Rehe ...

 | Die Rehe stehen ruhig auf der Lichtung.

Die Pferde wiehern leise.

2 Lest diesen Satz in Silben.
Vergleicht die Wörter mit **h** mit den Wörtern aus **1** und besprecht den Unterschied.

M | Zwei Hasen stellen die Ohren auf und rühren sich nicht.

3 Sprecht die Wörter in Silben.
Schreibt die Wörter mit Silbenbögen auf, in denen das **h** gesprochen wird.

Heft 2, S. 28 ③
✉: Kühe, ...

| Kühe | blühen | Mähne | Zehen |

| gähnen | drehen |

| zähmen | wiehern |

Wörter mit stummem Dehnungs-h sind Merkwörter.

4 Manchmal kann man das stumme **h** am Silbenende durch Verlängern hörbar machen.

Heft 2, S. 28 ④
früh → früher,
Zeh → ...

a) Lies den Text und schreibe alle Wörter mit **h** untereinander.

b) Mache das **h** durch Weiterschwingen hörbar und schreibe auf, wie du verlängert hast.

Heute wacht Tom früh auf. Doch als er aus dem Bett springt, stößt er sich den großen Zeh. Dann kann er seinen Schuh nicht finden. Er bemüht sich, sieht überall nach, dreht die Kissen um und zieht sogar die Decke vom Bett. Bestimmt hat sein Bruder den Schuh versteckt. Das verzeiht Tom ihm nicht. Jetzt kommt er doch zu spät zum Training.

4 Über das eigene Lernen nachdenken

Ergänze deine Lernraupe.

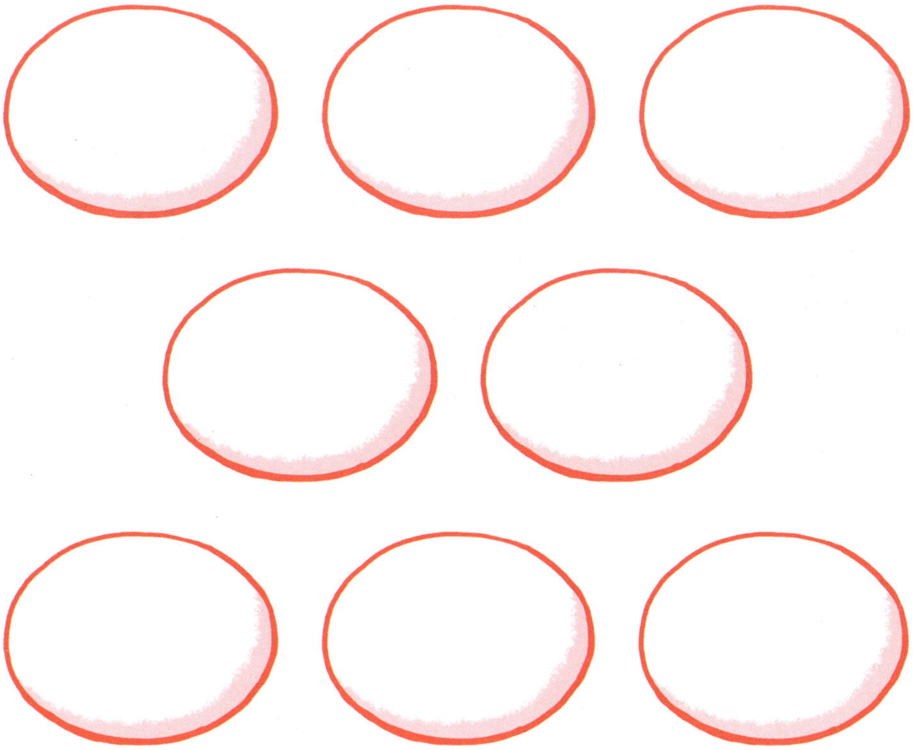

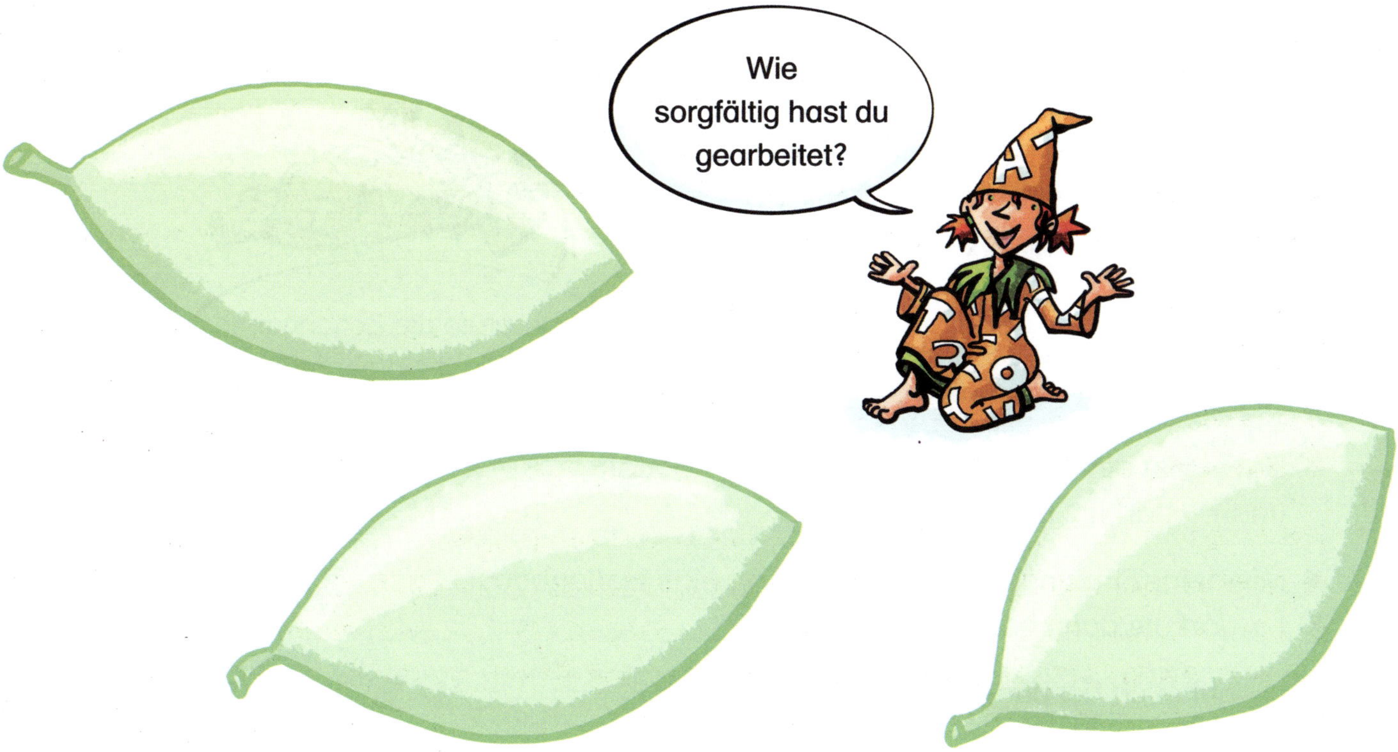

5 Zeitangaben groß- oder kleinschreiben

1

Die Namen der **Wochentage** und **Tageszeiten** sind Nomen.
Diese schreibe ich **groß**: der Montag, der Nachmittag
Zusammengesetzte Nomen aus Wochentag und Tageszeit
schreibe ich groß: der Montag + der Abend = der Montagabend
Manchmal werden **Zeitangaben nicht als Nomen** verwendet.
Dann schreibe ich sie **klein**: morgens, mittwochs, vorgestern

2 Schreibe zu den Nomen die passende kleingeschriebene
Zeitangabe. Ergänze eigene Beispiele.

Heft 2, S. 30 ②
der Morgen – morgens, …

| der Morgen | der Vormittag | in der Nacht |

| am Donnerstag | am Mittwoch |

3 Wähle passende Zeitangaben aus.
Entscheide, ob du groß- oder kleinschreiben musst.

Heft 2, S. 30 ③
Jeden Morgen frühstücke
ich schnell. Nur …

AM ABEND ✷ AM DONNERSTAG ✷
FREITAG ✷ JEDEN MORGEN ✷
MITTWOCHS ✷ MITTWOCHABENDS ✷
MORGENS ✷ NACHMITTAGS ✷
SONNTAGMORGEN ✷ FREITAGS ✷
AM NACHMITTAG ✷ ABENDS ✷
JEDEN MONTAG ✷ VORMITTAGS

Überprüfe die Zeitangaben
mit einer Nomenprobe.

✷ ⬜ frühstücke ich schnell.
Nur am ⬜ habe ich viel Zeit.

✷ Der ⬜ ist ein schöner Tag. Ich habe ⬜ Ballett
und ⬜ darf ich länger aufbleiben.

✷ Mit meiner Freundin gehe ich immer ⬜ ins Hallenbad,
⬜ darf sie dann bei mir schlafen.

✷ ⬜ gehe ich besonders gerne in die Schule,
denn ⬜ haben wir zwei Stunden Sport.

vorgestern
nachts
abends
am Vormittag
mittags
der Freitagmorgen

5 Verben als Nomen verwenden

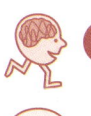

1

Verben können zu Nomen werden. Oft steht ein Artikel davor.
Das Hüpfen macht mir Spaß.
Manchmal ist der Artikel versteckt: **beim (= bei dem)** Schaukeln
Weitere versteckte Artikel sind: am, ans, aufs, im, ins, vom, zum

2 Schreibe zum Bild Sätze, in denen
das Verb zum Nomen wird.
Verwende die Wörter in den Kästchen.

Heft 2, S. 31 ②
Sophie verliert beim Rennen …

…

| das | beim | vom | im | zum | ins |

| klettern | rennen | drehen | rutschen |

| schaukeln |

| essen |

3 Finde mit Hilfe der Wortkärtchen eigene Sätze,
in denen das Verb zum Nomen wird.

Heft 2, S. 31 ③

…

| essen | aufstehen | zuhören |

| bauen | grübeln | träumen |

4

Sie hängen
am Weihnachtsbaum.
Beim Schmücken muss man
aufpassen, dass sie nicht
zerbrechen.

Die Groß- und Kleinschreibung üben

Das Wortanfangsdiktat

1. Ein Kind diktiert mir einen Satz.
2. Nun frage ich für jedes Wort die Regeln der Groß- und Kleinschreibung ab.

Satzanfang?
Nomen? Verb? Adjektiv?
Restwort?

Du kennst Nomen, Verben und Adjektive. Alle anderen Wörter heißen hier Restwörter. Schreibe sie klein.

3. Ich schreibe **untereinander nur die Wortanfänge** groß oder klein auf:
   Diktierter Satz: DAS SCHAF STEHT TRAURIG IM GRAS.

Ich frage die Groß- oder Kleinschreibung ab.

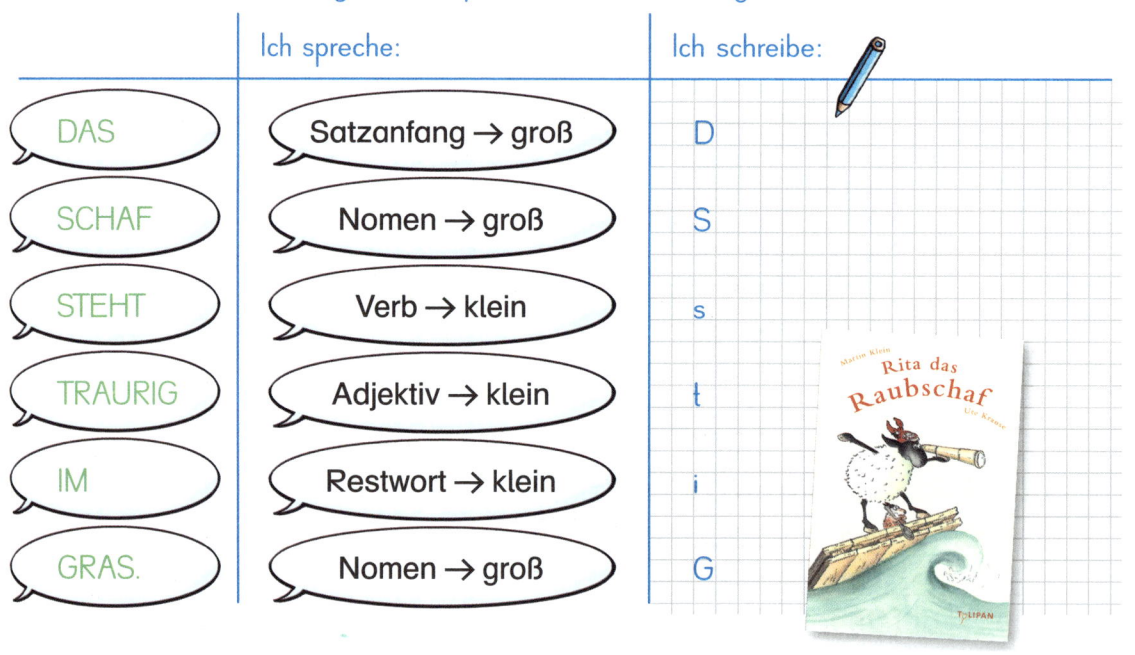

	Ich spreche:	Ich schreibe:
DAS	Satzanfang → groß	D
SCHAF	Nomen → groß	S
STEHT	Verb → klein	s
TRAURIG	Adjektiv → klein	t
IM	Restwort → klein	i
GRAS.	Nomen → groß	G

 1 Probiert es mit den folgenden Sätzen auf einem karierten DIN-A4-Blatt aus. Diktiert abwechselnd. Schreibt wie im Beispiel untereinander.

DAS KLEINE SCHAF RITA LEBT AM MEER.

RITA HAT KEINE LUST, TAG UND NACHT VOR SICH HIN ZU FRESSEN.

RITA STEHT OBEN AUF DEM DEICH UND SCHAUT IN DIE FERNE.

IRGENDWO HINTER DEM WEITEN HORIZONT SIND DIE ORTE IHRER TRÄUME.

MARTIN KLEIN

Das Legediktat

1. Ein Kind diktiert mir einen Satz.
2. Nun lege ich mit rechteckigen Kärtchen diesen Satz nach.
Ich spreche dabei mit und denke an den Satzanfang und die Wortarten.

Diktierter Satz:	Rita	guckt	übers	Wasser	und	träumt.
Ich lege:	▮	▬	▬	▮	▬	▬
Ich spreche:	Satz-anfang	Verb	Rest-wort	Nomen	Rest-wort	Verb

2 Diktiert euch gegenseitig die Sätze. Legt dazu das passende Satzmuster.

Du kannst auch Stifte nehmen.

RAUBSCHAFE FÜRCHTEN WEDER SCHÄFERHUNDE NOCH BULLTERRIER.

NICHT WEIT ENTFERNT LEBT IN DER STADT DAS MEERSCHWEIN RUTH.

DIE MENSCHEN FINDEN ROSETTENMEERSCHWEINE GANZ BESONDERS NIEDLICH.

3 Diktiert euch gegenseitig die Sätze. Entscheidet, ob ihr mit dem **Wortanfangsdiktat** oder mit dem **Legediktat** diesen Text über Ritas Meerschwein-Freundin Ruth üben wollt. Das Partnerkind kontrolliert nach jedem Satz.

Ruth verbringt ihre Tage in einem kleinen Käfig.
Es gibt darin nichts als einen Unterschlupf. Er sieht aus
wie ein Fliegenpilz. Und einen Futternapf in Herzform.
Und jede Menge Sägespäne. Sie gehört einem Jungen
namens Johann. Johann liebt sein Rosettenmeerschwein.
Johann hält Ruth für sehr scheu.

Martin Klein

5 Mehrteilige Eigennamen großschreiben

> Es gibt **Eigennamen**, die **aus zwei Teilen** bestehen.
> Dann schreibe ich **das Nomen** und **das Adjektiv** groß.
> der Atlantische Ozean, der Kleine Bär

1 Ergänze die Sätze wie im Beispiel.

Adjektive
nah ✸ pazifisch ✸
groß ✸ vereinigt ✸
weiß

Nomen
Staaten ✸ Osten ✸
Ozean ✸ Haus ✸
Wagen

Heft 2, S. 34 ①
1 Zum Nahen Osten gehören …
2 …

1 Zum ⬜⬜ gehören die Länder
   Saudi-Arabien und Oman.

2 Das ⬜⬜ steht in Washington,
   der Hauptstadt der USA.

3 Der ⬜⬜ ist das größte Weltmeer der Erde.

4 Der ⬜⬜ ist ein Sternbild am Nachthimmel.

5 Die USA werden auch als ⬜⬜ von Amerika bezeichnet.

2 Schreibe nur die Eigennamen auf.

der (O/o)lympische Wettkampf

der (D/d)eutsche Bundestag

das (I/i)ndische Essen   das (R/r)ote Meer

die (L/l)ange Museumsnacht

Heft 2, S. 34 ②
…

 3 Findet weitere Beispiele zu
zweiteiligen Eigennamen.
Seht dazu im Lexikon, in Zeitschriften
oder im Internet nach.

Heft 2, S. 34 ③
…

Über das eigene Lernen nachdenken

Ergänze deine Lernraupe.

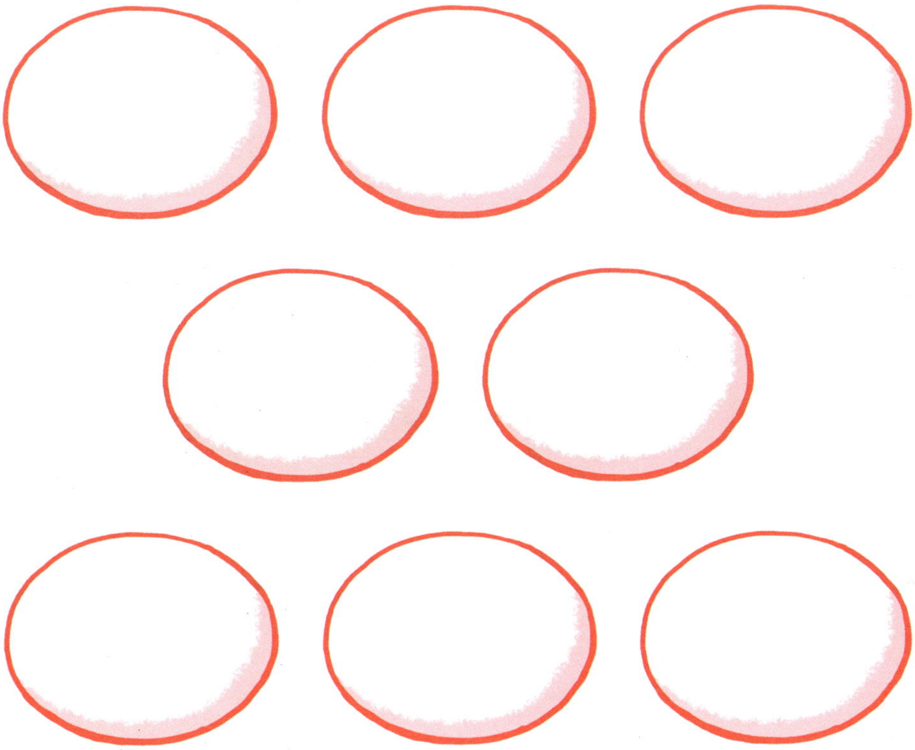

Wie schätzt du deinen Lern-erfolg ein?

 1

Nach einem kurzen, betonten Selbstlaut (Vokal) folgen meist zwei oder mehr Mitlaute (Konsonanten). Das können gleiche, aber auch verschiedene sein: der Wald, das Wasser, die Katze, packen.
Nach einem langen Selbstlaut folgt meist nur ein Mitlaut: der Wal, haben.

 2 Schreibe die Nomen auf. Kennzeichne den kurzen Selbstlaut mit einem Punkt. Markiere die folgenden Mitlaute farbig.

Heft 2, S. 36 ②
die Hand, ...

3 Schreibt nur die Wörter auf, in denen der Selbstlaut kurz gesprochen wird. Markiert wie in **2**.

Heft 2, S. 36 ③
A: der Ast, ...
E: ...

A: Gras ✿ Hase ✿ Schaf ✿ Vase ✿ Ast ✿ Gas ✿ lahm ✿ Ratte ✿ Rabe ✿ rasen ✿ mager ✿ Tag

E: Mehl ✿ Schnecke ✿ Weg ✿ Steg ✿ geben ✿ Rebe ✿ leben ✿ Zehe ✿ fehlen ✿ Welle ✿ wenig

I: Tiger ✿ Brief ✿ Liebe ✿ Sieb ✿ ihr ✿ viel ✿ Kiste ✿ lieben ✿ Igel ✿ Biber ✿ immer

O: Moos ✿ Bohne ✿ Soße ✿ loben ✿ Wolle ✿ Robe ✿ Ross ✿ los ✿ Oma ✿ Ofen ✿ oben

U: Schuhe ✿ Fuß ✿ Tube ✿ Ufer ✿ Ufo ✿ lustig ✿ Schmutz ✿ Ruhe ✿ Schule ✿ Gruß

 4 Findet zu jedem Selbstlaut weitere Wörter mit kurzem und langem Selbstlaut.

Frieden   bisschen
Miete   Stille
riechen   richtig
schwierig   stimmen

6 Wörter mit doppelten Mitlauten erkennen

1 Wenn ich einen doppelten Mitlaut (Doppelkonsonant) am Wort- oder Wortstammende schlecht höre, kann mir das Weiterschwingen helfen.
Kamm – die Kämme, voll – ein voller Bus, Treffpunkt – treffen, schwimmt – schwimmen

Außerdem kannst du die Länge des Selbstlautes und die Anzahl der Mitlaute überprüfen.

2 Verlängere durch Weiterschwingen ⤵.
Kennzeichne den kurzen Selbstlaut.

schnell	Nuss	brennt	dumm

kennt	Bett	Stamm	voll	stellt

Heft 2, S. 37 ②
schnell ⤵ das schnelle Boot
...

3 Verlängere durch Weiterschwingen.
Schreibe auf, wie du verlängert hast.

Mein kleiner Bruder brü✱t vor Wut.
Er hat seine Lieblingssendung verpa✱t.
Er schna✱t sich die Fernbedienung, re✱t
in sein Zimmer und schlägt gegen die Tür.
Zum Glück tri✱t er sie nicht richtig,
denn der Rahmen ist eh schon ganz kru✱.

Heft 2, S. 37 ③
brüllt ⤵ brüllen
...

4 Besprecht die richtige Schreibweise.
Schreibt den Text auf.

Peters Hu✱d (n/nn) be✱t (l/ll) he✱tig (f/ff).
Er ta✱zt (n/nn) wi✱d (l/ll) um mich herum.
Er schna✱t (p/pp) nach der Wu✱st (r/rr).
Dabei klä✱t (f/ff) er i✱er (m/mm) lauter.

Heft 2, S. 37 ④
Peters Hund ...

🫠 müssen	Schlüssel
können	Messer
hoffen	🔁 Kuss
wissen	Nuss

6 Wörter mit tz und z unterscheiden

1

Nach einem kurzen Selbstlaut (Vokal) steht nicht zz, sondern **tz**: die Ka̲tze.

Nach einem langen Selbstlaut (Vokal) steht nur **z**: die Kapu̲ze.

Nach Zwielauten steht nur **z**: hei̲zen, der Ka̲uz.

Direkt **nach anderen Mitlauten** (Konsonanten) steht nur **z**:
das He̲rz, der Pi̲lz, ta̲nzen.

> Merke dir
> die Eselsbrücke:
> Nach l, n, r, das merke ja,
> steht nie tz und nie ck.

2 Mache das **tz** am Wortende
durch Verlängern ↝ hörbar.

| der Blitz ✹ der Witz ✹ der Schmutz ✹ |
| der Platz ✹ der Autositz ✹ das Netz |

Heft 2, S. 38 ②

der Blitz ↝ Blitze

3 Finde immer ein passendes Verb.

| der Putz ✹ der Besitz ✹ die Verletzung ✹ der Schutz |

Heft 2, S. 38 ③

der Putz ↝ putzen ✓

4 Ordne die Wörter in eine Tabelle.
Nimm dazu ein kariertes DIN-A4-Blatt quer.

| der Pel✹ ✹ rei✹end ✹ pu✹ig ✹ das Her✹ ✹ schmu✹ig ✹ der Wei✹en ✹ |
| pe✹en ✹ die Schnau✹e ✹ der Kran✹ ✹ fli✹en ✹ das Gewür✹ ✹ |
| die Ka✹e ✹ die Hei✹ung ✹ si✹en ✹ die Wal✹e ✹ pel✹ig ✹ der Pil✹ ✹ |
| kur✹ ✹ die Bre✹el ✹ die Kapu✹e |

tz nach kurzem Selbstlaut	z nach langem Selbstlaut	z nach Zwielaut	z direkt nach Mitlauten (l, n, r)
…	…	…	der Pelz

6 Wörter mit ck und k unterscheiden

1

Nach einem **kurzen Selbstlaut** (Vokal) steht nicht kk, sondern **ck**: das Reck.
Nach einem **langen Selbstlaut** (Vokal) steht nur **k**: die Luke, die Küken.
Nach Zwielauten steht nur **k**: die Pauke.
Direkt **nach anderen Mitlauten** (Konsonanten) steht nur **k**: der Quark, parken.

Erinnere dich an die Eselsbrücke.

2 Schreibe die vier Regeln von oben in dein Heft.
Lasse dazwischen immer zwei Zeilen frei.

Heft 2, S. 39 ②+③
Nach einem kurzen …

3 Bilde mit den Buchstaben drei Beispielwörter mit
k oder **ck** zu jeder Regel.

B/b	a				
D/d	e			en	
E/e	i			el	
F/f	l	o	ck	eln	
K/k	u	l		e	
L/l	n			t	
M/m	ei	m		er	ei
N/n	r	ie	n	chen	
P/p	au	r	k	ig	
S/s	p	äu		us	
T/t	eu			s	
W/w					
Sch	ä/ö/ü				

4

Stopp, zwei Minuten sind um.

Ecke   dreckig
blicken   zurück
aufwecken   Schreck
entdecken   Block

6 Über das eigene Lernen nachdenken

Ergänze deine Lernraupe.

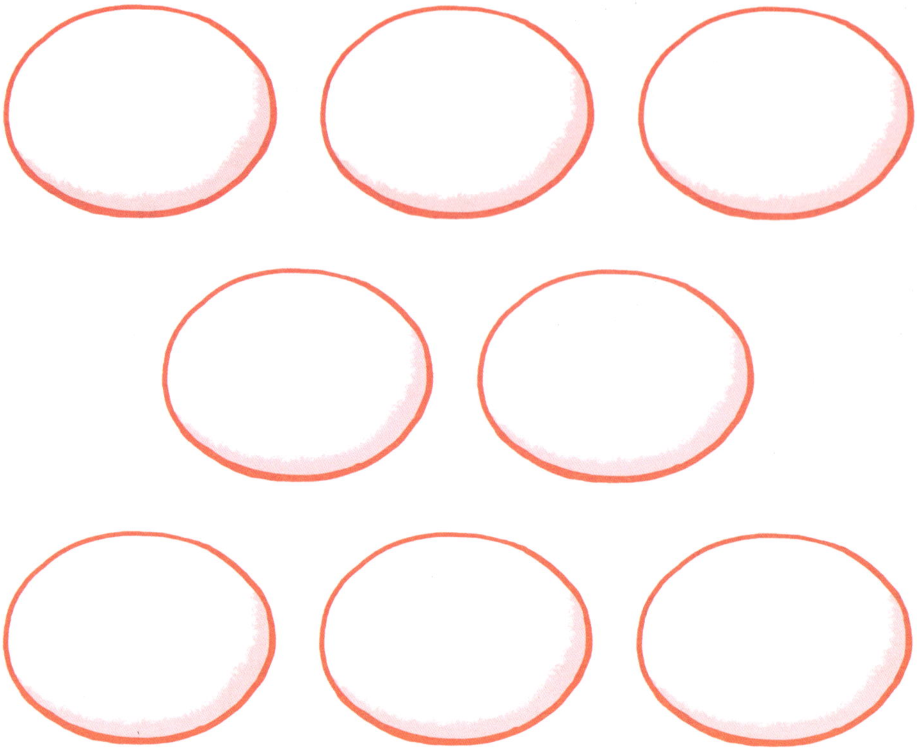

Was hat dir beim Lernen geholfen?

7 Wörter mit s und ß unterscheiden

M

1 Schlage im Wörterbuch nach. Setze **s** oder **ß** ein.
Schreibe die Wörter mit Silbenbögen auf. Markiere das **ß**.

Ho✳e ✳ flei✳ig ✳ Blumenva✳e ✳ Kai✳er ✳
abschlie✳en ✳ Hufei✳en ✳ Le✳ebuch ✳
Kartoffelklö✳e ✳ Seifenbla✳en ✳ drau✳en ✳
✳onne ✳ Urlaubsgrü✳e ✳ Wie✳e ✳ Fü✳e

Heft 2, S. 41 ②

s	ß
Hose	fleißig

Oft steht
das s oder ß am Anfang
einer Silbe.

2 Schreibe aus der Wörterliste mindestens 15 Wörter
mit **ß** auf eine Seite deines Merkwortfächers.

3 Übertrage die Tabelle in dein Heft. Trage die Wörter richtig in die Spalten ein.
Ergänze die Tabelle mit Hilfe des Wörterbuchs.

| das Geheiß | aufspießen | flößen | der Gruß | wird stoßen | süßen |

Nomen	Verb in der Grundform	Verb in der 1. Vergangenheit	Verb in der Zukunft
das Geheiß	heißen	er …	er wird …
…	…	…	…

4

Autos fahren
auf der …

Straße –
scharfes ß

Es ist ein
Gegenstand. Man stellt
Blumen hinein.

Vase –
normales s

M außen
beißen
bloß
Strauß
Fleiß
Spaß

7 Zusammengesetzte Nomen mit Fugen-s kennen

1 Manchmal steht ein **s als Verbindung** in zusammengesetzten Nomen: Geburtstag.
Diese s-Verbindung wird **Fugen-s** genannt.
Manchmal gibt es zwei Verbindungen: Geburtstagsfest.

2 Bilde zusammengesetzte Nomen mit Artikel.
Markiere das Fugen-s. Kontrolliere durch Silbenbögen.

Heft 2, S. 42 ②
Die Glückssträhne, …

Glück	Hochzeit
Geburt	Einladung
Schaden	Unterricht
Schaf	Einkauf

Karte	Ersatz
Zettel	Strähne
Gäste	Stunde
Käse	Tag

Das Fugen-s
steht immer am Ende
einer Silbe.

3 Bilde zusammengesetzte Nomen und
schreibe sie mit ihrem Artikel auf.

- ein Ei zum Frühstück
- die Handschuhe für schmutzige Arbeit
- eine Taube als Zeichen für den Frieden
- ein Schild im Verkehr
- eine Uhr mit einem kleinen Kuckuck
- die Grüße aus einem Urlaub
- eine Führung im Museum

Heft 2, S. 42 ③
das Frühstücksei, …

4 Bilde jeweils vier eigene Wörter
mit Frühling und Geburtstag.

Heft 2, S. 42 ④
Frühlings…, …

7 „das" und „dass" unterscheiden

1

So entscheide ich, ob ich nach dem Komma **das** oder **dass** schreibe:
Wenn ich anstelle des zu schreibenden Wortes **dieses**, **jenes** oder
welches einsetzen kann, schreibe ich **das**:

Das Spiel, <u>das / welches</u> wir gewonnen haben, war toll.

Kann ich das Wort nicht ersetzen, ist es das **Bindewort dass**:

Es stört mich, **dass** du laut bist.

2 Lest euch abwechselnd die Sätze vor. Prüft und entscheidet,
ob ihr **das** oder **dass** einsetzen müsst. Begründet.

a) Ein Barometer ist ein Messinstrument, ___ den Luftdruck misst.
dieses? jenes? welches?

b) Hanna liest am Barometer ab, ___ der Luftdruck steigt.
dieses? jenes? welches?

c) Eine Wetterstation ist ein Gebäude, ___ Messinstrumente enthält.
dieses? jenes? welches?

d) Sven ist sich sicher, ___ der Regen bald aufhört.
dieses? jenes? welches?

e) Ein Sturm zerstörte ein Haus, ___ vor Kurzem gebaut wurde.
dieses? jenes? welches?

f) Ein Thermometer ist ein Messinstrument, ___ die Temperatur anzeigt.
dieses? jenes? welches?

g) Mike ärgert sich darüber, ___ die Wettervorhersage nicht stimmt.
dieses? jenes? welches?

h) Lina befürchtet, ___ ein Gewitter näher kommt.
dieses? jenes? welches?

3 Schreibe die Sätze in dein Heft und
setze **das** oder **dass** richtig ein.

Heft 2, S. 43 ③
a) Das Barometer ...

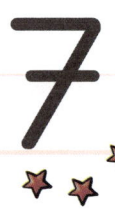 

Ergänze deine Lernraupe.

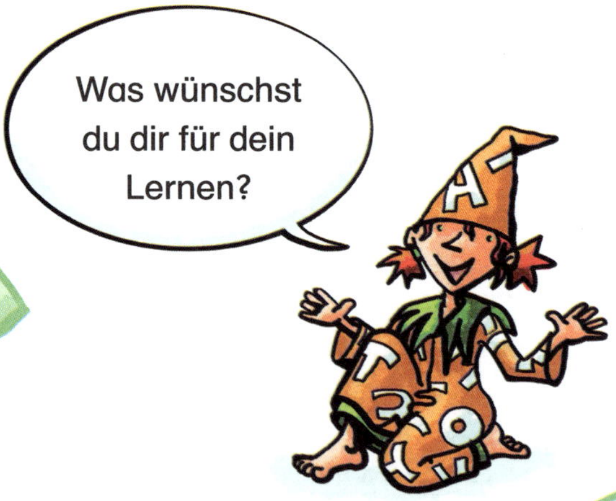

Was wünschst du dir für dein Lernen?

Auf einen Blick:

In Silben gliedern. So vergesse ich keinen Buchstaben: loben.

Ein Ableitungswort finden. So unterscheide ich
ä und **e** oder **äu** und **eu**: Häschen ⚡ Hase, Zäune ⚡ Zaun.

Ein Verlängerungswort finden und weiterschwingen. So finde ich
b oder **p**, **d** oder **t** oder **g** oder **k** am Wortende: Zwer→ die Zwerge.

M Merken oder nachschlagen: Klee, Soße, Mai, Wachs, Handy, …

1 Schreibe die unvollständigen Wörter richtig auf.
Die Symbole helfen dir, die passende Strategie
anzuwenden.

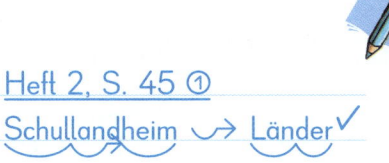
Heft 2, S. 45 ①
Schullandheim ⌣→ Länder ✓

Im Schu*lan*heim ⌣ ↪ war es ech* ↪ furcht*bar. ⌣
Es ga* ↪ t*glich ⚡ nur Ka*to*eln ⌣ ⌣ zu e*en ⌣.
Mein Be* ↪ war total schmutzi* ↪. Mich juckt es übera* ↪.
Besti*t ↪ habe ich mir L*se ⚡ oder Wanzen geholt.

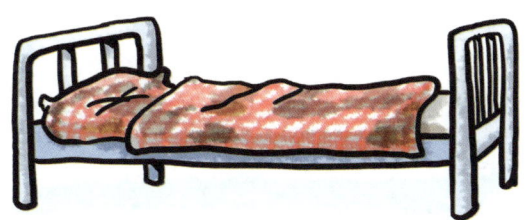  

2 Überlege, welche Strategie dir hilft,
die markierten Stellen richtig zu schreiben.
Ordne zu.

Heft 2, S. 45 ②
⌣: Tanne, …

⚡: Ausflug, …

↪: …

M: …

wandern ✸ Ausflug ✸ Vesperpause ✸
draußen ✸ Äste ✸ Tanne ✸ Eichhörnchen ✸
Waldweg ✸ Bäume ✸ häufig ✸ Fuchs ✸
Förster ✸ Jäger ✸ Reh ✸ nass

Die richtige Schreibweise finden

1 Prüfe die Länge des Selbstlautes und ergänze die fehlenden Buchstaben. Schreibe die Texte auf.

Ich gebe dir Tipps.

Heft 2, S. 46 ①
a) Besonders schlimm … ✓
b) Auch das Bad … ✓
c) Nie wieder … ✓

a) Entscheide: **doppelter** oder **einfacher Mitlaut**?

Denke daran weiterzuschwingen.

Besonders schli✷ (m/mm) fand ich

das E✷en (s/ss). Die Su✷e (p/pp) war tota✷ (l/ll) versalzen und man ko✷te (n/nn) kaum

erke✷en (n/nn), woraus sie bestand. Mir wurde echt ü✷el (b/bb). Auch das Geschi✷ (r/rr)

war ura✷t (l/ll), die Te✷er (l/ll) und Ta✷en (s/ss) ha✷en (t/tt) Macken, die Me✷er (s/ss)

waren ro✷tig (s/ss) und die Lö✷el (f/ff) verbo✷en (g/gg).

Denke an die **Zwielaute** und die **Eselsbrücke**.

b) Entscheide: **ck** oder **k**; **tz** oder **z**?

Auch das Bad war gan✷ dre✷ig. Alles war e✷elhaft verspri✷t

und der Pu✷ blätterte von der Wand. Die Dusche war ein ein✷iger Wi✷:

Sie war so verkal✷t, dass nur ein paar win✷ige Tropfen kamen.

Außerdem fun✷tionierte die Hei✷ung nicht, sodass es eiskalt war.

c) Entscheide: **i** oder **ie**?

Ein langes i schreibst du meist ie.

N✷ w✷der w✷ll ✷ch ✷n d✷ses Schullandheim!

Es war w✷rklich schl✷mm. Aber v✷lleicht w✷ssen

d✷ anderen K✷nder ein besseres Reisez✷l.

2 Finde in jeder Wortfamilie ein Kuckucksei.

Der **Wortstamm** bleibt meist gleich.

Heft 2, S. 46 ②
löblich, …

die Belohnung ✷ der Lohn ✷ löblich ✷ es lohnt sich ✷ entlohnen

fühlen ✷ gefühlvoll ✷ das Gefühl ✷ die Erfüllung ✷ fühlbar

die Sonne ✷ sonnig ✷ sonderbar ✷ das Sonnensystem ✷ Sonntag

der Reiseführer ✷ entführen ✷ die Vorführung ✷ fürstlich ✷ verführen

1 Lies den Text und verbessere die markierten Wörter.

a) Sprich in Silben und finde so die Tippfehler
(verdrehte oder fehlende Buchstaben)
in den markierten Wörtern.
Schreibe sie richtig auf.

b) Schlage die übrigen markierten Wörter nach
und schreibe sie richtig auf.

Heft 2, S. 47 ①
das Lieblingsbuch, …

Heute möchte ich euch mein Lieblingbuch vorstellen. Es heißt:
„Anton taucht ab" von Milena Baisch. Mir hat das Buch so gut gefallen,
weil es lustig ist und weil mir Anton, der immer nur so coul tut,
eigentlich sympatisch ist. In dem Buch erzählt Anton eine
Abenteurheldengeschichte von sich selbst.

Anton, der am liebsten Actionfilme guckt oder im Internet surrft,
fährt mit seinen Großeltern in den Urlaub auf den Campingplatz.
Dort angekommen, entdeckt er die Kathastrophe: weit und breit
kein Swimmingpool, dafür ein Ekelsee voller Schlinkpflanzen.
Die erste Begegnug mit den Kindern vom Steeg verläuft dann
auch weniger gut. Marie ist ja noch ganz nett. Aber schnell wird klar,
dass der ältere Junge mit der Pudelfriesur Ärger macht.

Nix mit Auschlafen und Weiterträumen von spannenden Misionen
als Kampfpillot oder von Massenkarambolagen, nein, Angeln mit Opa
ist angesagt. Zum Schein geht Anton darauf ein, findet das Ganze
aber total eklig. Dann fängt Opa einen zu kleinen Fisch. Einen Barsch.
Als Opa den Fisch als Köder für den nächsten Tag vewenden will,
prottestiert Anton, denn er hat sich mit „Piranha" angefreundet.
Und so erkundet Anton gemeinsam mit Piranha, den er in einem
Gurkenglas auf seinen fernegsteuerten Gelendewagen geschnallt hat,
den Campingplatz und zeigt dem Fisch die Welt der Menschen ...

Seitenlayoutansicht · Ab 1 · Seiten: 1 von 1 · Wörter: 0 von 0 · ÄND

 1 Wendet euer Wissen an.

a) Findet zu den Wörtern mit den blauen Buchstaben
eine Strategie, die euch hilft, die Wörter an
der blauen Stelle richtig zu schreiben.
Schreibt das Symbol und das Wort auf.

b) Schreibt zu den Wörtern mit den roten Buchstaben
einen Tipp, eine Eselsbrücke oder eine Regel auf,
die euch hilft, die Wörter an der roten Stelle
richtig zu schreiben.

Heft 2, S. 48 ①
a) ⌣: die Formeln
    M: der Saal
    ...
b) der Widerschein =
    Nomen schreibe ich groß.
    ...

Der Widerschein des grünen Feuers zuckte über die Berge
von alten und neuen Büchern, in denen all die Formeln
und Rezepte standen, die Irrwitzer für seine Experimente brauchte.
Aus den dunklen Ecken des Saales blinkten geheimnisvoll Retorten,
Gläser, Flaschen und spiralige Röhren, in denen Flüssigkeiten
aller Farben stiegen und fielen, tropften und dampften.
Außerdem gab es Computer und elektrische Geräte, an denen
fortwährend winzige Lämpchen flimmerten. In einer finsteren Nische
schwebten geräuschlos und beständig rot und blau leuchtende Kugeln
auf und nieder und in einem kristallenen Behälter wirbelte Rauch,
der sich in gewissen Abständen zur Form einer glimmenden
Gespensterblume zusammenzog.

Michael Ende

 2 Finde im Text
drei Merkwörter
mit langem i.

Ein lang gesprochenes **i**
wird sonst meist **ie**
geschrieben.

Heft 2, S. 48 ②
der Widerschein, ...

3 Finde im Text das eine Fremdwort,
das anders geschrieben wird,
als du es sprichst.

Heft 2, S. 48 ③
...

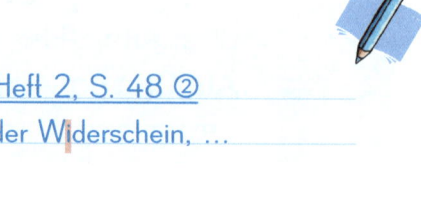

Rechtschreibfehler verbessern

⌣	⚡	↪	M

1 Ordne den Wörtern die passenden Symbole zu.
Schreibe sie richtig auf.

Im Wald und an Wiesenr✷ndern ka✷st du
Wil✷früchte finden. 　↪ 　↪ 　⚡

Die Hagebu✷e ist die Fruch✷
der Wil✷rose. 　↪ 　⌣ 　↪

Diese kna✷rote B✷re ke✷t jedes Kin✷. 　↪ 　↪ 　↪ 　M

Hast du daraus auch schon einmal Juckpul✷er hergeste✷t? 　M 　↪

Heft 2, S. 49 ①
a) Wiesenränder ⚡ Rand
　kannst ↪ können
　...
b) ...

2 In diesem Text sind die Fehler schon markiert.
Schreibe ihn fehlerfrei ab.
Lass dabei immer eine Zeile frei.
Schreibe die Begründung für die richtige
Schreibweise in die leere Zeile darüber.

Heft 2, S. 49 ②
(Nomen = groß)
Im Oktober schallt lautes ... ✓

Im oktober schallt lautes Gebrül durch die Wälder. Das sind die Männlichen Hische.
Sie wollen damit die Weipchen beeindruken. Außerdem soll das geschrei die
anderen Hirschmenner vertreiben.

3 Dieser Text enthält viele Fehler.
Schreibe ihn fehlerfrei auf.

Heft 2, S. 49 ③
Bei unserem Waldspaziergang ... ✓

Bei unserem Waltspaziergang treffen ｜
wir heufig den Föster. Er nimt sich ｜｜｜
immer viel zeit. Gerne beantwortet ｜
er unser Fragen oder gipt uns Tipps. ｜｜
heute want er uns vor dem sturm. ｜｜｜
Dabei können Morsche Äste ｜
abrechen und herunterfallen. ｜

8 Über das eigene Lernen nachdenken

Ergänze deine Lernraupe.

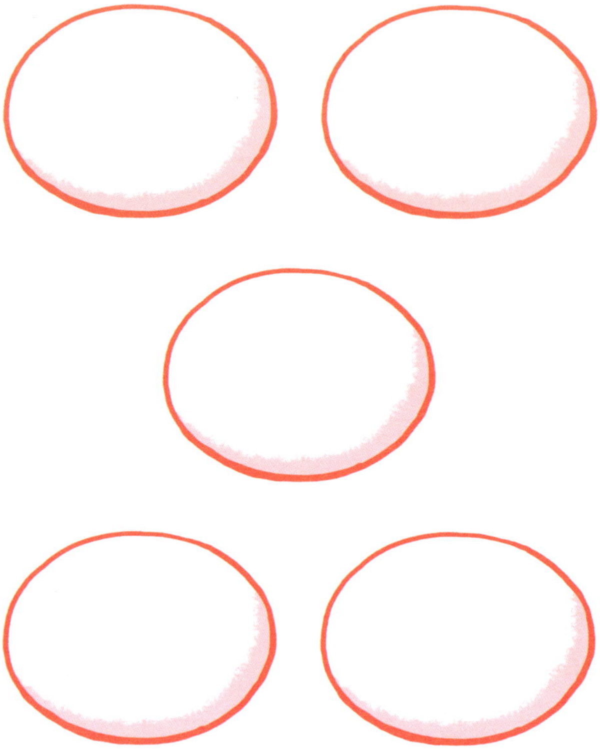

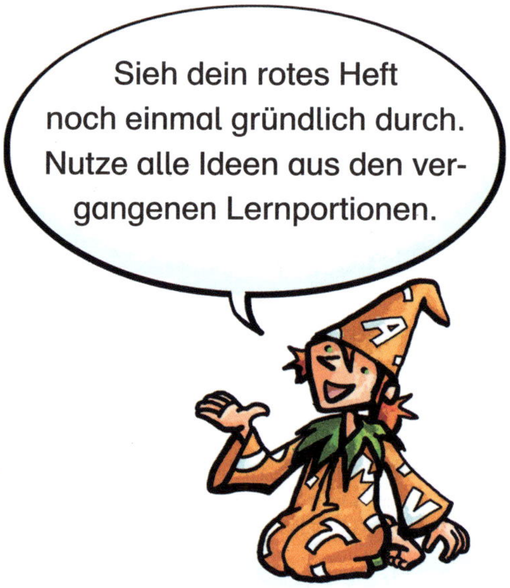
Sieh dein rotes Heft noch einmal gründlich durch. Nutze alle Ideen aus den vergangenen Lernportionen.

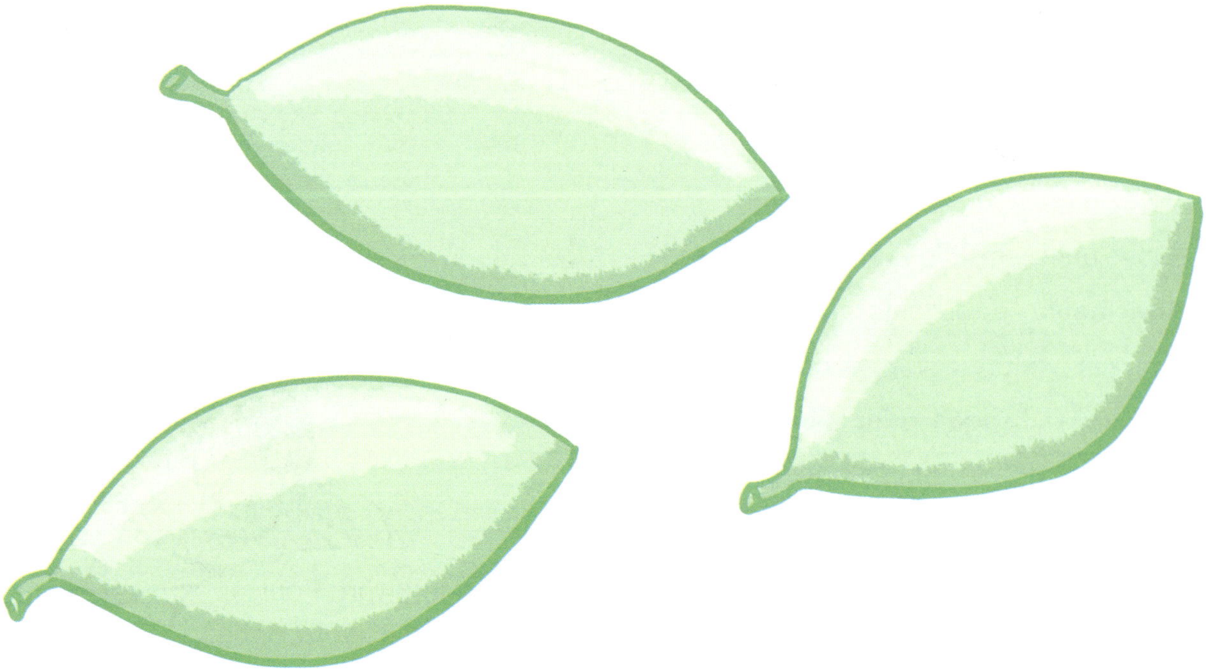

Wörterliste

A a

der **Abend,** die Abende ↻

aber

ab|küh|len, es kühlte ab M

das **Abon|ne|ment,**
die Abonnements M

ähn|lich M

al|lein

das **Al|pha|bet,**
die Alphabete M

an|ders

der **An|fang,** die Anfänge ⚡

an|fan|gen, er fing an

die **Angst,** die Ängste ⚡

ängst|lich ⚡

är|gern, sie ärgerte M

der **Arzt,** die Ärzte ⚡

die **Ärz|tin,** die Ärztinnen ⚡

auf|merk|sam

auf|räu|men,
er räumte auf ⚡

auf|we|cken, sie weckte auf

au|ßen M

B b

das **Ba|by,** die Babys M

ba|cken, er buk oder
er backte

der **Bä|cker,** die Bäcker ⚡

die **Bä|cke|rin,**
die Bäckerinnen ⚡

die **Bahn,** die Bahnen M

bald

bau|en, sie baute

die **Bee|re,** die Beeren M

be|gin|nen, es begann

das **Bei|spiel,** die Beispiele

bei|ßen, er biss M

be|loh|nen, sie belohnte M

be|ob|ach|ten,
sie beobachtete

be|quem M

be|reits

der **Be|ruf,** die Berufe

bes|ser

be|stimmt

das **Bett,** die Betten ↻

be|vor M

die **Bi|blio|thek,**
die Bibliotheken M

bie|gen, er bog

biss|chen

blei|ben, sie blieb

der **Blick,** die Blicke

bli|cken, er blickte

blind ↻

blin|ken, er blinkte

der **Blitz,** die Blitze

blit|zen, es blitzte

der **Block,** die Blöcke

bloß M

boh|ren, sie bohrte M

das **Boot,** die Boote M

bo|xen, er boxte M

der **Brand,** die Brände ↻ ⚡

brav M

bren|nen, es brannte

die **Bril|le,** die Brillen

die **Brü|cke,** die Brücken

die **But|ter**

C c

das **Cha|mä|le|on,**
die Chamäleons M

die **Ci|ty,** die Citys M

der **Clown,** die Clowns M

D d

dann

die **De|cke,** die Decken

deut|lich

deutsch

Deutsch|land ↻

dick

die|ser

der **Don|ner**

doof M

der **Draht,** die Drähte M ⚡

drau|ßen M

der **Dreck**

dre|ckig

dre|hen, sie drehte

der **Druck**

drü|cken, es drückte

dumm ↻

die **Dumm|heit,** die Dummheiten

dünn ↻

durch

der **Durst**

durs|tig

der **Dy|na|mo,** die Dynamos M

E e

die **Ecke,** die Ecken

eckig

ehr|lich M

ei|gent|lich

ein|zeln

emp|fin|den, sie empfand

ent|de|cken, er entdeckte

ent|fer|nen, er entfernte

die **Ent|fer|nung,**
die Entfernungen

ent|ge|gen

ent|wi|ckeln, sie entwickelte

die **Ent|wick|lung,**
die Entwicklungen

er|klä|ren, er erklärte ⚡

er|lau|ben, sie erlaubte

die **Er|laub|nis** ↻

er|le|ben, er erlebte

das **Er|leb|nis,**
die Erlebnisse ↻

er|näh|ren, sie ernährte M

er|schre|cken,
er erschreckte

er|war|ten, sie erwartete

die **Er|war|tung,**
die Erwartungen

er|zäh|len, sie erzählte M

die **Er|zäh|lung,**
die Erzählungen M

es|sen, er aß M

Eu|ro|pa

ex|plo|die|ren,
es explodierte M

ex|tra M

Wörterliste

F f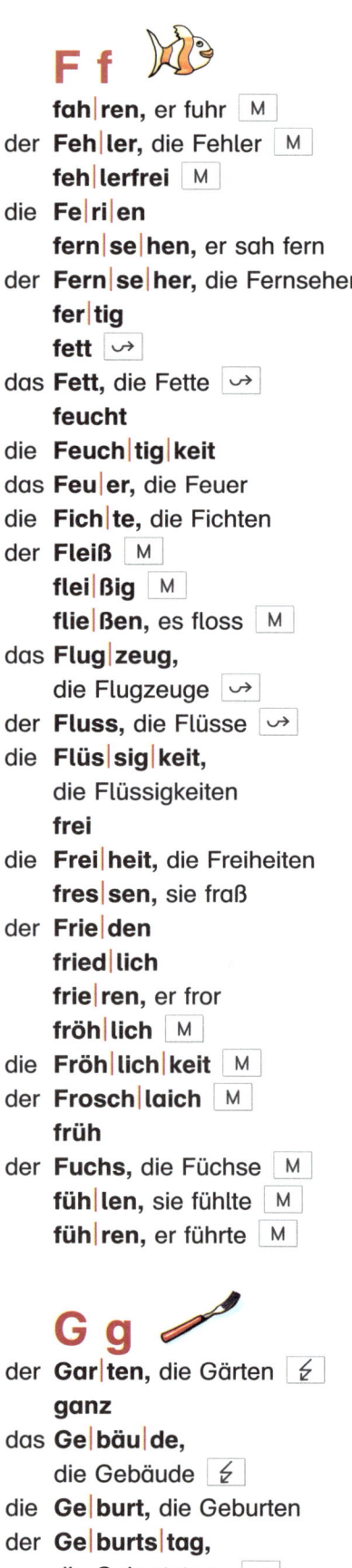

fah|ren, er fuhr [M]
der Feh|ler, die Fehler [M]
feh|lerfrei [M]
die Fe|ri|en
fern|se|hen, er sah fern
der Fern|se|her, die Fernseher
fer|tig
fett ↵
das Fett, die Fette ↵
feucht
die Feuch|tig|keit
das Feu|er, die Feuer
die Fich|te, die Fichten
der Fleiß [M]
flei|ßig [M]
flie|ßen, es floss [M]
das Flug|zeug,
die Flugzeuge ↵
der Fluss, die Flüsse ↵
die Flüs|sig|keit,
die Flüssigkeiten
frei
die Frei|heit, die Freiheiten
fres|sen, sie fraß
der Frie|den
fried|lich
frie|ren, er fror
fröh|lich [M]
die Fröh|lich|keit [M]
der Frosch|laich [M]
früh
der Fuchs, die Füchse [M]
füh|len, sie fühlte [M]
füh|ren, er führte [M]

G g

der Gar|ten, die Gärten ⚡
ganz
das Ge|bäu|de,
die Gebäude ⚡
die Ge|burt, die Geburten
der Ge|burts|tag,
die Geburtstage ↵
die Ge|fahr, die Gefahren [M]
gefähr|lich [M]

das Ge|fühl, die Gefühle [M]
ge|gen
ge|heim
das Ge|heim|nis,
die Geheimnisse
ge|hen, sie ging
die Ge|mein|de, die Gemeinden
ge|nug
das Ge|päck ⚡
der Ge|ruch, die Gerüche
das Ge|schäft,
die Geschäfte [M]
ge|sche|hen, es geschah
das Ge|schenk, die Geschenke
das Ge|setz, die Gesetze ↵
das Ge|wächs,
die Gewächse [M]
ge|win|nen, er gewann
das Ge|wit|ter, die Gewitter
gie|ßen, sie goss [M]
der Glanz
glän|zen, es glänzte ⚡
das Glas, die Gläser ⚡
glatt ↵
das Glück
glück|lich
glü|hen, er glühte
der Gott, die Götter ↵
grei|fen, sie griff
der Gruß, die Grüße [M]
grü|ßen, sie grüßte [M]

H h

ha|ben, er hatte
der Hai, die Haie [M]
das Han|dy, die Handys [M]
hän|gen,
es hing / er hängte ⚡
hart
der Hau|fen, die Haufen
häu|fig ⚡
hei|ßen, sie hieß [M]
hei|zen, er heizte
die Hei|zung, die Heizungen
her|stel|len, sie stellte her
die Her|stel|lung

hier
die Hit|ze
das Hob|by, die Hobbys [M]
hof|fen, er hoffte
hof|fent|lich
die Hö|he, die Höhen
hohl [M]
die Höh|le, die Höhlen [M]
der Hub|schrau|ber,
die Hubschrauber
der Hun|ger
hung|rig
der Hy|drant, die Hydranten [M]

I i

die Idee, die Ideen [M]
im|mer
imp|fen, sie impfte
die Imp|fung, die Impfungen
die In|for|ma|ti|on,
die Informationen
in|for|mie|ren,
er informierte
in|te|res|sant
das In|te|res|se, die Interessen
das In|ter|view,
die Interviews [M]

J j

ja|gen, sie jagte
das Jahr, die Jahre [M]
je|mand
jetzt
die Ju|gend
ju|gend|lich
jung

K k

der Kaf|fee [M]
der Kä|fig, die Käfige [M]
der Kai, die Kais [M]
der Kai|ser, die Kaiser [M]
der Kamm,
die Kämme ⚡ ↵

käm|men, er kämmte
kann, sie konnte
ken|nen, er kannte
die Kie|fer, die Kiefern
das Ki|lo|gramm M
klar
klä|ren, sie klärte
klet|tern, er kletterte
klug
der Kom|pass, die Kompasse
kön|nen, sie konnte
die Kraft, die Kräfte
kräf|tig
krank
das Kran|ken|haus, die Krankenhäuser
krat|zen, er kratzte
die Kreu|zung, die Kreuzungen
krie|chen, sie kroch
der Krieg, die Kriege
kühl M
küh|len, er kühlte M
die Kur|ve, die Kurven M
kurz
der Kuss, die Küsse

L l

lä|cheln, er lächelte
das La|chen
das Land, die Länder
lang
lang|sam
der Lärm M
las|sen, sie ließ
das Laub
der Leh|rer, die Lehrer M
die Leh|re|rin, die Lehrerinnen M
letz|ter
leuch|ten, es leuchtete
das Lied, die Lieder
lie|gen, sie lag
die Li|nie, die Linien M
links M

der Löf|fel, die Löffel
die Luft, die Lüfte
lus|tig

M m

das Mäd|chen, die Mädchen M
der Mag|net, die Magnete
der Mais M
manch|mal
das Mär|chen, die Märchen M
die Ma|schi|ne, die Maschinen M
das Maß, die Maße M
die Ma|yon|nai|se, die Mayonnaisen M
das Me|di|um, die Medien
das Meer, die Meere M
mehr M
mes|sen, er maß
das Mes|ser, die Messer
die Mie|te, die Mieten
die Mi|nu|te, die Minuten M
der Mit|tag
mit|tags
die Mit|te
mi|xen, sie mixte M
das Moos, die Moose M
der Mor|gen, die Morgen
mor|gens
der Müll
das Mu|se|um, die Museen
müs|sen, er musste
mu|tig
die Müt|ze, die Mützen

N n

nächs|ter M
nachts
nah
die Nä|he
nä|hen, er nähte
die Nah|rung M
nass
die Näs|se

die Na|tur
na|tür|lich
neh|men, sie nahm M
nichts
nie|mals
nie|mand
noch
die Num|mer, die Nummern
nun
nur
die Nuss, die Nüsse
nüt|zen, es nützt
nütz|lich

O o

ob
oben
oder
of|fen
oft
oh|ne M
der Ort, die Orte

P p

das Paar, die Paare M
paar M
das Päck|chen, die Päckchen
pa|cken, er packte
das Pa|ket, die Pakete
die Par|ty, die Partys M
der Pass, die Pässe
pas|sen, es passte
die Pfan|ne, die Pfannen
das Pferd, die Pferde
der Pilz, die Pilze
plötz|lich
pri|ma M
das Pro|gramm, die Programme
put|zen, sie putzte
das Puz|zle, die Puzzles M
der Py|ja|ma, die Pyjamas M
die Py|ra|mi|de, die Pyramiden M

Wörterliste

Qu qu

das **Qua|drat**, die Quadrate M
die **Qual**, die Qualen M
   quä|len, er quälte M
der **Qualm** M
das **Quar|tett**, die Quartette M
der **Quatsch** M
die **Quel|le**, die Quellen M
   quer M

R r

das **Ra|dio**, die Radios
   ra|ten, sie riet
das **Rät|sel**, die Rätsel ⚡
der **Raum**, die Räume ⚡
   rechts
das **Reh**, die Rehe ↪
die **Rei|he**, die Reihen
   rei|sen, er reiste
   rei|ßen, sie riss M
   ren|nen, er rannte
die **Re|pa|ra|tur**,
   die Reparaturen
   re|pa|rie|ren, sie reparierte
der **Ret|tungs|dienst**,
   die Rettungsdienste
   rich|tig
   rie|chen, es roch
der **Rie|se**, die Riesen
die **Ru|he**
   ru|hig
   rüh|ren, er rührte M
   rund ↪

S s

   sam|meln, sie sammelte
die **Samm|lung**,
   die Sammlungen
   schaf|fen, er schuf
der **Schall**
   schal|ten, sie schaltete
der **Schal|ter**, die Schalter
   scharf
die **Schär|fe**, die Schärfen ⚡
der **Schat|ten**, die Schatten

   schie|ben, sie schob
   schief
   schimp|fen, er schimpfte
   schlie|ßen, sie schloss M
der **Schlüs|sel**, die Schlüssel
   schme|cken, es schmeckte
der **Schmutz**
   schmut|zig
   schnei|den, er schnitt
   schon
der **Schreck**
   schreck|lich
   schüt|teln, sie schüttelte
der **Schutz**
   schüt|zen, er schützte
   schwei|gen, sie schwieg
   schwie|rig
die **Schwie|rig|keit**,
   die Schwierigkeiten
   schwim|men, er schwamm
   schwit|zen, sie schwitzte
der **See**, die Seen M
   sehr M
   selbst
   set|zen, er setzte
   sit|zen, sie saß M
das **Skate|board**,
   die Skateboards M
die **Skiz|ze**, die Skizzen M
   skiz|zie|ren,
   er skizzierte M
   spa|ren, sie sparte
der **Spaß**, die Späße M
   spät M
der **Spa|zier|gang**,
   die Spaziergänge ⚡
der **Spie|gel**, die Spiegel
   spie|geln, es spiegelte
   spitz ↪
die **Spit|ze**, die Spitzen
die **Stadt**, die Städte
der **Stamm**,
   die Stämme ↪ ⚡
   stark
   stär|ken, er stärkte
der **Start**, die Starts
die **Start|bahn**, die Startbahnen

das **Steu|er**, die Steuer
   steu|ern, sie steuerte
der **Stiel**, die Stiele
der **Stift**, die Stifte
die **Stil|le** ↪
   stim|men, es stimmte ↪
der **Stoff**, die Stoffe ↪
   sto|ßen, er stieß M
der **Strand**,
   die Strände ↪ ⚡
die **Stra|ße**, die Straßen M
der **Strauß**, die Sträuße M
der **Streit**
   strei|ten, sie stritt
der **Strom**, die Ströme
   strö|men, es strömte
das **Stück**, die Stücke
der **Stuhl**, die Stühle M
der **Sturm**, die Stürme
   stür|misch
   süß M
die **Sü|ßig|keit**,
   die Süßigkeiten M

T t

der **Tag**, die Tage ↪
der **Tai|fun**, die Taifune M
die **Tan|ne**, die Tannen
   tan|zen, sie tanzte
die **Tas|se**, die Tassen
   tau|send ↪
das **Ta|xi**, die Taxis M
die **Tech|nik**, die Techniken
der **Ted|dy**, die Teddys M
der **Tel|ler**, die Teller
die **Tem|pe|ra|tur**,
   die Temperaturen
der **Text**, die Texte M
das **The|a|ter**, die Theater M
das **Ther|mo|me|ter**,
   die Thermometer M
   tief
die **Tie|fe**, die Tiefen
der **Ti|ger**, die Tiger M
   trai|nie|ren,
   er trainierte M

die **Trä|ne,** die Tränen ⬜M
der **Traum,** die Träume ⚡
　träu|men, sie träumte ⚡
　trau|rig
　tref|fen, er traf
　treu
　tro|cken
　trotz|dem

U u

　über
　über|all
　über|que|ren,
　er überquerte ⬜M
die **Uhr,** die Uhren ⬜M
　um|keh|ren,
　sie kehrte um ⬜M
　um|rüh|ren,
　er rührte um ⬜M
der **Un|fall,** die Unfälle ↪
der **Un|fall|ort,**
　die Unfallorte ↪
　un|ge|fähr ⬜M
　un|ter
der **Un|ter|richt**
der **Ur|laub,** die Urlaube ↪

V v

die **Va|se,** die Vasen ⬜M
das **Verb,** die Verben ⬜M
　ver|bie|ten, sie verbot ⬜M
　ver|brau|chen,
　er verbrauchte ⬜M
　ver|bren|nen,
　es verbrannte ⬜M
die **Ver|bren|nung,**
　die Verbrennungen ⬜M
der **Ver|ein,** die Vereine ⬜M
　ver|ei|nen, er vereinte ⬜M
　ver|ges|sen,
　sie vergaß ⬜M
der **Ver|kehr,** die Verkehre ⬜M
der **Ver|kehrs|un|fall,**
　die Verkehrsunfälle ⬜M

　ver|let|zen,
　er verletzte ⬜M
der **Ver|letz|te,**
　die Verletzten ⬜M
die **Ver|let|zung,**
　die Verletzungen ⬜M
　ver|lie|ren, sie verlor ⬜M
　ver|pa|cken,
　er verpackte ⬜M
die **Ver|pa|ckung,**
　die Verpackungen ⬜M
　ver|schmut|zen,
　er verschmutzte ⬜M
die **Ver|schmut|zung,**
　die Verschmutzungen ⬜M
　ver|ste|cken,
　er versteckte ⬜M
　ver|ste|hen,
　sie verstand ⬜M
　ver|wech|seln,
　sie verwechselte ⬜M
　viel|leicht ⬜M
　voll ⬜M
　voll|stän|dig ⬜M
　vor|bei ⬜M
die **Vor|fahrt** ⬜M
　vor|ges|tern ⬜M
der **Vor|mit|tag,**
　die Vormittage ⬜M
die **Vor|sicht** ⬜M
　vor|sich|tig ⬜M
　vor|wärts ⬜M

W w

　wach|sen, es wuchs ⬜M
die **Wahl,** die Wahlen ⬜M
　wäh|len, er wählte ⬜M
　wäh|rend ⬜M
der **Wald,** die Wälder ↪ ⚡
die **Wand,** die Wände ↪ ⚡
das **Was|ser**
　wech|seln,
　sie wechselte ⬜M
　we|cken, er weckte
der **We|cker,** die Wecker

　Weih|nach|ten
　wel|che
die **Welt,** die Welten
　wenn
　wer|den, es wurde
　wich|tig
　wie
　wie|der
　wie|gen, sie wog
　wild ↪
der **Wind,** die Winde ↪
　win|ken, er winkte
　wis|sen, sie wusste
　woh|nen, er wohnte ⬜M

X x

das **Xy|lo|phon,**
　die Xylophone ⬜M

Y y

der **Yak,** die Yaks ⬜M
der **Ye|ti,** die Yetis ⬜M
das **Yo|ga** ⬜M

Z z

die **Zahl,** die Zahlen ⬜M
　zäh|len, er zählte ⬜M
der **Zeh,** die Zehen
　zeich|nen, sie zeichnete
die **Zeit,** die Zeiten
die **Zei|tung,** die Zeitungen
das **Zeug|nis,**
　die Zeugnisse ↪
　zie|hen, er zog
das **Ziel,** die Ziele
　zie|len, sie zielte
　zu|frie|den
die **Zu|kunft**
　zu|künf|tig
　zu|letzt
　zu|rück
der **Zy|lin|der,** die Zylinder ⬜M

Themenheft 2
Richtig schreiben

Herausgegeben von:	Roland Bauer, Jutta Maurach
Erarbeitet von:	Wiebke Gerstenmaier, Sonja Grimm
Fachliche Beratung exekutive Funktionen:	Dr. Sabine Kubesch, INSTITUT BILDUNG plus, im Auftrag des ZNL TransferZentrum für Neurowissenschaften und Lernen, Ulm
Begutachtung:	Katrin und Peter Bertram (Mühlenbeck), Maire Büntemeyer (Syke), Angelika Fischer (Weiterstadt), Claudia Hoeschen (Kappeln), Sybille Maier-Alvarez del Cid (Achern), Julia Schäfer (Gießen)
Redaktion:	Sabine Gerber, Mirjam Löwen
Illustration:	Yo Rühmer, Frankfurt am Main
Umschlaggestaltung:	Cornelia Gründer, agentur corngreen, Leipzig
Layout und technische Umsetzung:	lernsatz.de

fex steht für *Förderung exekutiver Funktionen*. Hierbei werden neueste Erkenntnisse der kognitiven Neurowissenschaft zum spielerischen Training exekutiver Funktionen für die Praxis nutzbar gemacht. **fex** wurde vom **ZNL TransferZentrum für Neurowissenschaften und Lernen** (www.znl-ulm.de) an der Universität Ulm gemeinsam mit der **Wehrfritz GmbH** *(www.wehrfritz.com)* ins Leben gerufen. Der Cornelsen Verlag hat in Kooperation mit dem ZNL ein Konzept für die Förderung exekutiver Funktionen im Unterrichtswerk *Einsterns Schwester* entwickelt.

www.cornelsen.de

1. Auflage, 1. Druck 2017

Alle Drucke dieser Auflage sind inhaltlich unverändert
und können im Unterricht nebeneinander verwendet werden.

© 2017 Cornelsen Verlag GmbH, Berlin

Druck: Parzeller print & media GmbH & Co. KG, Fulda

ISBN 978-3-06-083580-5 (Themenheft Leihmaterial)
ISBN 978-3-06-081174-8 (E-Book Leihmaterial)

Dieses Heft ist Bestandteil des Pakets „Einsterns Schwester 4" (ISBN 978-3-06-083578-2)
und kann auch einzeln bestellt werden.

PEFC zertifiziert
Dieses Produkt stammt aus nachhaltig
bewirtschafteten Wäldern und kontrollierten
Quellen.

PEFC
PEFC/04-31-1308

www.pefc.de